個別化教育計畫
（IEP）

理念與實施

李翠玲　著

作者簡介

李翠玲

學歷：英國伯明翰大學哲學博士（主修特殊教育）

現任：國立新竹教育大學特殊教育學系副教授

經歷：*1.* 傅爾布萊特研究學者（Fulbright Scholar，2004～2005 年）

    2. 美國舊金山州立大學訪問學者

    3. 北科羅拉多大學訪問學者

    4. 國立新竹教育大學特教系系主任

    5. 國立新竹教育大學特教中心主任

    6. 台北啟智學校教師

著作：*1.*《缺憾的超越》（1990，台北：聯經）

    2.《特殊教育教學設計》（2001，台北：心理）

E-mail：tripo@mail.nhcue.edu.tw

吳 序

特殊教育之所以特殊，在於「因材施教」做到家！「因材施教」喊了幾千年，但多半流於口號，直到特殊教育出現，它才能真正落實。然而特殊教育是否一定做到「因材施教」呢？其實也未必。關鍵在於教師是否知道「個別化教育計畫」（IEP），且能「依計行事」。由於特殊兒童原就是個別差異特別顯著的一群，這對特殊教育工作者而言，構成了極大的挑戰，尤其當法律上規定這是「必要之善」時（一如美國 1975 年通過《94-142 公法》，首開風氣之先，我國也在 1997 年修正公布《特殊教育法》，隨後跟上），它也成了特教工作者最大的壓力。它真的那麼可怕嗎？當然不是。在這本《個別化教育計畫（IEP）理念與實施》的書裡，李翠玲教授會告訴你，其實它很可愛，你可以好好愛它、用它，使你的「特殊教育需求」（SEN）學生樂在其中，你（妳）也因而獲得教學的成就感！

許多人把 IEP 看得很「神」——神奇又神祕！事實上，它既不是遙不可及的天邊彩虹，也不是深不可測的「藏鏡人」，重要的是它要跟課程緊密連接。許多人就是忘了這一點，以致於 IEP 成了不食人間煙火的純粹紙上作業，是做給督學看的，而不是跟學生的需求息息相關。既然特殊教育的課程、教材、教法「應」保持彈性，以符合學生的身心特質和需要，IEP 便要如影隨形地和特殊教育發生「親密關係」了。

李教授憑多年實際教學與研究經驗，曾於 2000 年把蒐集到且臨床試驗過的寶貴資料（含許多實用表格），加以系統整理，將特殊教育的課程與教學原理、個別化教育計畫和特殊教育補救教學等部分融會貫通，貢獻出來，輯成《特殊教育教學設計》一書，裨益我特教家族不淺。如今推陳出新，加以修正擴充，內容更加充實，其為學精神和服務熱忱，令人敬佩。能先睹為快，是一大榮幸，欣喜之餘，特綴數語，以示慶賀。

國立台灣師範大學特殊教育學系名譽教授

吳武典

2007 年 3 月

　　20 世紀末重要的心理學家 Gardner 提出人有「多元的智能」，所以了解每個人的個別差異及其優勢，發揮最佳潛能，是 21 世紀的教育趨勢。特殊教育因為服務的學生的個別差異比一般學生更大，因此，如何評量他們的能力、優弱勢及最佳的發展潛能，藉此設計出適合的課程、教學及治療，就是特殊教育教師及相關專業人員最重要的工作和使命。

　　可惜的是，台灣的特殊教育教師有部分是完全根據普通班的課本或現有的教材進行教學，這樣能符合特殊教育需求學生的個別差異嗎？所以唯有真正落實 IEP，將它和實際的教學相結合，這些學生才能發揮他們最大的潛能。

　　李翠玲老師留學英國，在台灣又有多年的實務經驗，加上最近至美國汲取最新有關 IEP 的資訊後，將她寶貴的經驗寫成這本書。所以，本書將是關心特殊教育的教師們工作上最佳的夥伴。

國立新竹教育大學特殊教育學系系主任

陳國龍

2007 年 3 月

自 序

　　有人說「個別化教育計畫」（Individualized Education Program，簡稱IEP）是特殊教育的靈魂，也有人說它是夢魘，但在特殊教育實施的過程中，IEP 是不可或缺的工具，它不但是特殊教育評鑑時的主要項目，同時也是各大學特殊教育系的主要科目。目前市面上雖然有一些專書論及如何擬定 IEP，但基層教師仍然對IEP 的專業知識需求甚殷。

　　我與IEP的淵源應起於九年前（1998 年），當時因為是特殊教育中心主任，輔導區教育局委託本中心承辦一系列的IEP研習，因為時間急迫，一時找不到講師可以開講，最後只好硬著頭皮自己接下來，努力專研IEP的專業知識。幾年下來，透過進行 IEP 研究，並至 IEP 的發源地——美國進行研究與觀察，對 IEP 也有比較深入的認識。

　　這本書的初稿與架構早在四年前即逐漸成形，也陸陸續續產出一些章節，但在 2004 年到美國進行 IEP 的研究後，才發現原先的架構侷限於國內的現象，IEP 的格局不夠寬廣。因此回國後，全部重新撰寫架構，期望能呈現出 IEP 新的視野，但寫書的過程是艱辛的，因為所寫的內容很多是原文的新近資料，例如有關《IDEA 2004》法案，要花比較多的時間消化後，再配合國內情形寫出來。本書原先是希望在 2006 年暑假期間完成，但似乎快不起來，能在現在完成，也總算告一段落。

　　本書共分十二章，包括三大單元，即 IEP 的理念、IEP 的實施與 IEP 檢討，第一、二章說明中美 IEP 的發展過程與相關法令，尤其對美國最近頒布《IDEA 2004》有關的 IEP 法令有比較深入的剖析，對國內 IEP 觀念的啟發有其意義存在；第三章至第十一章敘述 IEP 會議與撰寫 IEP 的所有歷程，陳述每一階段的撰寫要點，並透過範例供檢核，期能有助確實掌握撰寫的方法，並提供三種IEP撰寫模式供參考；第十二章則是檢討 IEP 的迷思與趨勢，並就美式與台式 IEP 的特色進行比較；附錄有各類別特教班 IEP 格式、範本與美國 IEP 範本供參考。

　　本書之完成，首先感謝美國舊金山州立大學 Summer Hsia 教授與北科羅拉多

大學黃茂樹教授夫婦，協助本人在美國進行 IEP 資料蒐集與研究，特教老師 Mr.
French 和特教行政員 Ms. Norma Lou Eitamiller 提供該校區 IEP 內容，特教中心助
理周文聿小姐協助整理部分圖表，師大教授吳武典與本系系主任陳國龍於百忙當
中為此書寫序，孟瑛如教授與吳東光教授同意提供電腦化 IEP 範本。筆者才疏學
淺，今不揣淺陋，撰述此書，盼能拋磚引玉，為特殊教育盡一份心力，也期望教
育先進多予指正，以作為將來修正、改進的參考。

國立新竹教育大學特殊教育學系

李翠玲 謹識

2007 年 3 月

目次

參 個別化教育計畫（IEP）檢討

【附錄】

表 次

圖　次

個別化教育計畫（IEP）理念

第一章

緒　論

　　自 1975 年美國立法實施「個別化教育計畫」（Individualized Educational Program，簡稱 IEP）以保障特殊學生的受教權以來，各國相繼使用 IEP 作為特殊教育之管理工具，我國也於 1979 年（民國 68 年）引進 IEP 於特殊教育。IEP 可說已成為特殊教育的心臟（Johns, Crowley, & Guetzloe, 2002）與靈魂（Bateman & Linden, 2006），可見 IEP 在特殊教育所占的重要地位，但不可否認在 IEP 實施的過程中，其爭議也一直未曾停歇。本章內容闡述 IEP 定義與內涵、IEP 沿革、IEP 流程、IEP 使用情形，使讀者能對 IEP 有一概覽之認識。

第一節
IEP 定義與內涵

　　特殊教育的發展已經有三百多年，隨著人權的重視，要求特殊教育專業化及普及化的聲浪愈來愈高，但由於特殊學生的個別差異大，亟需有一套方式來規劃與管理課程與教學，以提供特殊學生適性教育，並隨時供教師及行政人員來評估教學效果與教學績效，「個別化教育計畫」（IEP）的設計就是為了因應這種需求。

　　美國國會於 1975 年通過《94-142 公法》，即所謂的《殘障兒童教育法案》（The Education of All Handicapped Children Act），並為保障特殊兒童受教的品質，規定學校必須為每一位接受特殊教育的學生設計「個別化教育計畫」（IEP）。根據此法，「個別化教育計畫」一詞乃包含兩個步驟和層面，

一是指「個別化教育計畫會議」，另一則是指「個別化教育計畫」的書面文件。開會是藉著讓身心障礙兒童之家長和教育有關人員一起面對面溝通和協調，以設計出適合此兒童獨特需求的教育方案。而「個別化教育計畫」的書面文件即是「個別化教育計畫會議」的最後結論之記錄和家長同意書（林素貞，1999）。

美國的《94-142 公法》規定學校必須為每一位特殊學生設計一份 IEP，IEP 的內容必須描述兒童目前的成就與年度目標，以及所提供的特殊教育服務和評量的程序與結果，這些內涵就是 IEP 的主要部分。之後儘管相關法令配合潮流加以調整其內容，但其內涵大致不出這些範圍。更詳細言之，IEP 在《94-142 公法》中包含下列項目（鄭麗月，1996；Federal Register, 1977）：

1. 兒童目前的表現：包括學業成就、社會適應、職前與職業技能、心理動作技能和自理能力。
2. 年度長期目標：指學生在接受一學年教育後，所要達成的教育目標。
3. 短程教育目標：指學生在現階段至一學年結束前的短程階段教學目標。
4. 特殊學生需要的特別服務項目包括：
   (1)特殊教育與相關服務，包括體育教育方案。
   (2)兒童所需的特殊教學媒體和教材。
5. 學生的轉銜服務：轉銜服務不得晚於學生 16 歲，16 歲以後應每年檢討。
6. 個別化教育計畫開始實施日期以及實施的期間。
7. 學生參與普通班教育方案的內容敘述。
8. 學生教育安置方式的敘述。
9. 個別化教育計畫中負責人員名單。
10.個別化教育計畫目標的評鑑，包括評鑑過程、時間表、長短程目標是否達成。

美國 IEP 有關的特殊教育法案自 1975 年以來，至今（2006 年）共歷經四次修訂：第一次修訂是 1986 年的《99-457 公法》，即《障礙兒童教育法修訂法》（Education of the Handicapped Act Amendments）；第二次是 1990 年的《101-476 公法》，即《障礙者教育法案》（Individuals with Disabilities Education Act，簡稱 IDEA）；第三次修正是 1997 年的《IDEA '97》；第四次則是

在 2004 年修正之《IDEA 2004》。IEP 的法定內容也隨著潮流漸趨向融合教育與簡化 IEP 內容的規定。我國則於 1997 年（民國 86 年）透過特殊教育法的頒布實施將 IEP 納入強制項目，這等於宣告 IEP 在台灣特殊教育界的法定地位，有了法源之後，再加上透過教育行政單位的訪視評鑑，從此 IEP 使用率在國內急速成長。近年來，我國的 IEP 也隨著世界潮流趨勢要求實踐適性教育的理念與融合教育，針對 IEP 淪為文書工作增加教師負擔的現象，試圖提出解決之道。

第二節

IEP 發展沿革

我國特殊教育之發展亦如同大多數先進國家，隨著人權之重視及國家經濟的成長，特殊教育愈來愈受到重視，家長與社會大眾對特殊教育品質的要求愈來愈高，IEP 也就成為特殊教育品質的重要指標。但 IEP 的發展仍舊歷經幾個時期才漸漸被接受，早期 IEP 著重在 IEP 使用量的成長，現在則是要求 IEP 的品質，但基層教師仍然強烈希望不要花太多的時間寫 IEP。大體而言，IEP 在國內的發展可分為下列幾個時期：

一、萌芽期（1979-1983 年）

美國自 1975 年在其殘障法案出現個別化教育計畫的設計後，四年後，也就是 1979 年（民國 68 年）林孟宗先生即介紹到國內，他將 IEP 譯為「個別化教育方案」。之後在《特殊教育季刊》第七期介紹 IEP，不過此後的文章中，有作者稱之為「個別化教學」、「個別化教育計畫」或「個別化教學方案」。概括而論，此段時期，國內特殊教育界大多有聽過 IEP，但仍有相當多的教師並不十分清楚 IEP 的內涵，使用率不高。

二、推廣期（1983-1996 年）

　　我國第一次的《特殊教育法》於 1984 年（民國 73 年）頒布實施，其施行細則亦隨後公布實施，雖然在此法規中並沒有出現「個別化教育計畫」的字眼，但在條文中亦可看出 IEP 的精神，即如《特殊教育法》第 6 條：「特殊教育之設施，以適合個別化教學為原則。設置標準，由教育部定之。」其中「個別化教學」乃指 IEP 的精神。在《特殊教育法》的相關子法「特殊教育課程、教材及教法實施辦法」第 10 條亦指出：「各類身心障礙教育教師依據教育部編輯之教材進行教學時，得視實際需要，訂定教學計畫，適應學生之個別差異，彈性運用教學方法，達到個別化教學的目的。」條文中所指之「教學計畫」，加上「個別化教學」，即已包含了 IEP 的主要精神。

　　此時期 IEP 在特殊教育法中地位仍曖昧不明，法案中並無強制教師為學生設計「個別化教育計畫」，但教育行政部門、特教學術機構著眼於 IEP 的重要，仍然積極推廣，因此不但有指導手冊之出版（國立台灣教育學院特殊教育中心，1988a，1988b）及 IEP 範本供特教老師參考（國立彰化師範大學特殊教育中心，1994），並有機構提供圖示之 IEP 表格與設計說明，供特教老師撰寫 IEP 參考（瑞復益智中心，1992）。

　　除人工撰寫的 IEP 格式外，電腦化 IEP 也開始在國內發展，包括台灣省立嘉義啟智學校和明樣國際科技有限公司合作研發 IEP 套裝軟體、台中十方啟能中心電腦化 IEP 系統、勝利之家亦有 IEP 套裝軟體，這些都是為了推展 IEP 以幫助教師設計 IEP，並希望能節省 IEP 人工撰寫的時間，但這些軟體大多為內部使用，且操作不易，未能大量推廣。

　　儘管相關部門委託學界為文或舉辦相關研討會，出版相關文集或參考資料積極推廣 IEP，但因無法源來要求教師編擬 IEP，因此 IEP 的實施仍是效果不彰，僅有約半數的特教老師在使用 IEP（林幸台、林寶貴、洪儷瑜、盧台華、楊瑛、陳紅錦，1994）。我國遂於 1997 年（民國 86 年）修訂《特殊教育法》時，將 IEP 的設計列為強制項目，從此 IEP 有了法定地位，IEP 進入發展期。

三、發展期（1997 – 迄今）

　　我國於 1997 年將 IEP 列為《特殊教育法》之法定強制項目，IEP 有了執行的法源，接著在次年的《特殊教育法施行細則》中，更宣示了 IEP 應包含之內容及實施方式，至此特教老師有了一致的原則來編擬 IEP。此時配合國家政策各縣市教育局特教課（科）相繼成立，在有專責單位的督導之下，各縣市教育局特教課（科）或各師範校院特教中心皆將 IEP 列為訪視評鑑中的重要項目，造成 IEP 在量上快速成長，由八成（李翠玲，1999）、九成（胡永崇，2001），到百分之一百（林坤燦、蕭朱亮，2004）。但這種量的快速成長並不意味著 IEP 品質的成長，還是有相當多的教師抱怨所寫出來的 IEP 是為了應付上級長官檢查，浪費時間且與教學脫節，並普遍表示 IEP 專業不足需要進修撰寫 IEP 的專業能力（李翠玲，1999；林坤燦、蕭朱亮，2004；胡永崇，2001）。

　　此一時期電腦化 IEP 配合網路與電腦的技術持續發展，台東縣特殊教育網路中心與精誠資訊軟體合作開發之實用數學 IEP 軟體（台東縣特殊教育網路中心，1999），以及林口啟智學校於 2001 年（民國 90 年）開始投入網路 IEP 的發展，並於次年 4 月開始應用，但以智障類特殊學校的使用較多。吳東光與孟瑛如於 1999 年開始實作 Web-based 之電腦化 IEP 系統，最後修正為單機版電腦化 IEP 系統，推廣重點在資源班的 IEP，研究並證明電腦化 IEP 可以節省資源班教師 196.5 分鐘擬定 IEP 的時間（吳東光、孟瑛如，2004）。

四、改良期

　　現階段 IEP 的發展已經到了必須改良的階段，IEP 在量的成長與電腦化方面成果令人欣喜，但量的成長並不一定表示 IEP 的品質確實能發揮實踐適性教育的功能，IEP 與課程和教學策略應該更有效結合與落實；而電腦化 IEP 雖然能節省教師擬定 IEP 的時間，但電腦資料庫的固定目標也可能導致目標個別化特色的淡化，或甚至消失（Bateman & Linden, 2006），這樣反而失去

設計 IEP 的初衷。因此，在編擬 IEP 之前仍必須熟悉 IEP 的專業知識，才能依據不同學生的狀況作規劃，而不管 IEP 如何電腦化且節省教師編擬時間，為每一位學生量身製作的計畫，必須對 IEP 的每一個環節不可疏忽，也就是對 IEP 的流程要能掌握。

第三節

IEP 流程

IEP 的作用就好像醫院裡的病歷一樣，每一位病人都有一份屬於自己的病歷，以方便醫師對症下藥，IEP 也是一種對症下藥的紀錄，擬定 IEP 的團隊或教師必須堅守自己的角色，必要時還要釋放角色，為特殊學生謹慎評量與設計處方，直到學生的潛力被開發，進步成果展現。

IEP 與課程、教學的關係就如同一部汽車（IEP），正朝向山頂的目標邁進，這部裝備齊全的汽車（IEP），必須經過數個站（短期目標）作定期檢查（形成性評量），才能到達山頂（長期目標）。汽車往山頂爬的路程（課程）主要是靠汽油（教學活動），當汽油不足（教學專業不足）或用錯汽油種類（教學不當），就無法到達目的地，IEP 的過程即如圖 1-3-1。

從以上的比喻可以看出 IEP 是否能發揮功能，課程和教材的搭配十分重要。整體而言，IEP流程主要包括四大部分，包括建構起點行為、設計IEP、執行教學與評鑑（見圖 1-3-1），並視需要，再評量、再教學或再評量。

針對 IEP 的流程方面，Bateman 與 Linden（2006）則認為，擬定 IEP 的第一步驟是鑑定與評量，目的在決定學生的法定障礙類別與特殊需求；接著在 IEP 確定之後，進行安置，並於安置之後提撥經費，以保障特殊學生接受免費適當的公教育進行IEP；最後，透過過程的保護措施（Procedural Safeguards）以創造孩子與家長的安全網。整體而言，這些過程包括第一步的評量與決定孩子法定的起點能力，第二步則是基於孩子的特殊需求而設計 IEP，第三步則是基於 IEP 紀錄與法令規定而決定提供適合的安置（見圖 1-3-2）。

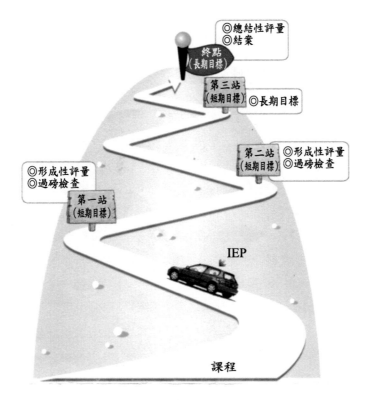

◎總結性評量
◎結案

終點
(長期目標)

第三站
(短期目標)　◎長期目標

第二站
(短期目標)　◎形成性評量
　　　　　　◎過磅檢查

◎形成性評量
◎過磅檢查

第一站
(短期目標)

IEP

課程

❖ 圖 1-3-1　IEP 在特教課程設計之關係比喻圖 ❖

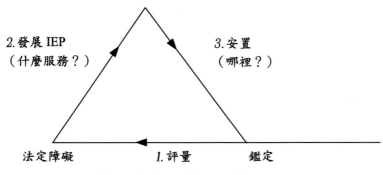

2.發展 IEP
（什麼服務？）

3.安置
（哪裡？）

法定障礙　　　　　　1.評量　　　　　鑑定

（誰得到特殊教育服務？）

❖ 圖 1-3-2　正確的 IEP 方式 ❖

資料來源：Bateman & Linden (2006: 19)

第四節

IEP 使用情形

　　IEP 使用於特殊教育三十多年來，雖然標榜發揚適性教育的精神，也的確能發揮特殊教育管理工具的一些功能，整合家長、教師及專業人員的期望，以擬定整體性的教育計畫，但仍有一些爭議，其中一個原因是其方法上，主張以行為學為導向之教學（Ainscow & Tweddle, 1982; Mittler, 1981），這種方式是把學習視為可測量、可觀察的，因此，一些教學任務就硬被分割為片段的小步驟，然後再逐步實施教學，以達成目標。但有些孩子可以完成一個完整的任務，卻無法完成被細分過的小目標（Cooper, 1996）。Sigafoos、Elkins、Couzens、Gunn、Roberts 與 Kerr（1993）分析兩所學校共 40 份的 IEP 之目標有多少被執行，結果發現僅有 16% 之 IEP 目標被執行，也就是說，大部分的教學是與 IEP 無關的。Lynch 與 Beare（1990）也發現，在行為偏差和重度障礙孩子之 IEP 和實際教學之落差，亦達顯著差異。Goodman 與 Bond（1993）曾經檢討美國 IEP 發展 20 年來之成效，發現 IEP 對評量的要求已深深影響課程的設計，甚至窄化了課程的目標與教學的彈性，使個別化的理想成為空談。Smith（1990）回顧 1975 至 1989 年 IEP 執行的情形，結果發現 IEP 已成為供行政部門檢查的「必需品」，徒然增加文書的工作而已，已失去 IEP 當初設立之理想，因此也到了該調整 IEP 的時候。《IDEA 2004》法案取消短期目標撰寫的規定，即是為了改善 IEP 所衍生出來的一些問題（Gartin & Murdick, 2005）。

　　IEP 立意良好，因此廣為各國特殊教育界所採用，我國因在第一次所制定之《特殊教育法》（1984）中，並未強制學校老師為特殊兒童制定 IEP，整體實施效果不彰，也因此促成《特殊教育法》修正時（1997）即將 IEP 納入強制項目。茲針對 IEP 執行方面的使用率、IEP 格式與 IEP 隱私權探討如下：

一、使用率

　　IEP 使用情形以 1997 年（民國 86 年）頒布的《特殊教育法》將 IEP 納為強制項目為分水嶺，其結果如下：

㈠ IEP 未列入《特殊教育法》強制項目期之實施概況

　　在《特殊教育法》尚未將 IEP 列入強制項目前的實施概況研究有王振德（1988），其調查我國資優、聽障及學障三類資源教室方案實施狀況，結果發現此等方案雖然大部分為學生設計，但仍有不少學校認為，個別化教學方案的研擬與實施是資源教室方案亟待改進的事項。

　　林幸台等（1994）調查我國實施個別化教育計畫的現況時發現，在使用率方面發現社福機構教師使用率最高，國小及國中約有半數在使用，受過特教專業訓練之教師使用率高於未受專業訓練者。教師大多認為 IEP 大致能評量出學生程度及符合學生需要，但有三成教師則對 IEP 持負面之看法。

　　楊佩貞（1996）分析國小啟智班所使用 IEP 的內容，根據回收的 114 份調查表發現，97.4% 的 IEP 有學生基本資料，但只有 43% 的 IEP 有學生健康資料，且最常被登錄的是學生的視力、聽力、四肢與精神狀況。37.7% 的 IEP 有學生的評量資料，大多傾向使用鑑定有智障的評量工具。只有 10.5% 的 IEP 有相關服務。50% 的 IEP 是由兩位教師負責設計。74.3% 的 IEP 呈現學生之成就水準：依序以國語、生活教育和數學三科的出現比率最高。僅有 8.8% 的 IEP 有長期、短期評量標準。

　　賴錫安（1996）以「個別化教育方案內容檢核表」檢核 40 所國中啟智班之 IEP，結果發現：(1)適宜性：差；(2)有效性：尚可；(3)完整性：很差；(4)一致性：尚可。

　　既然法令的約束力是 IEP 推展成功的主要關鍵，1997 年（民國 86 年）所修訂的《特殊教育法》將 IEP 列為強制項目，其效果到底如何呢？以下是相關文獻的整理。

(二) IEP 列入《特殊教育法》強制項目後之實施概況

IEP 被納入《特殊教育法》強制項目後，IEP 即在量上快速成長，也可說《特殊教育法》是 IEP 使用率變化的分水嶺。在 IEP 納入強制項目後之執行情形，首見於訪視評鑑的報告，台中縣特殊教育學生鑑定及就學輔導委員會發現該縣內 94 所中小學特教班，其特教老師均能為學生擬定其個別化教育計畫，但多數學校的 IEP 內容並不完整（台中縣特殊教育學生鑑定及就學輔導委員會，1999）。

李翠玲（1999）以「桃竹苗地區個別化教育計畫實施現況調查表」調查 IEP 納入特教法強制項目後在桃竹苗地區使用情形，結果在回收之 369 份問卷中發現，IEP 在中小學特殊班及殘障社福機構之使用率提高至八成，比修法前之使用率 50%以上（林幸台等，1994），大幅增加。三年後，在國中、國小啟智班使用率提升至 92.5%（胡永崇，2001），近年國小啟智班大致已經達到 100%（林坤燦、蕭朱亮，2004）。

現階段 IEP 因《特殊教育法》的保障，再加上教育部、教育局之訪視評鑑，要求「各級學校應對每位身心障礙學生擬定個別化教育計畫」（《特殊教育法》第 27 條）的目標很快即完成，但 IEP 與課程的結合、IEP 表格之簡化和長短期目標之擬定，以及如何不要花太多時間在擬 IEP 上等問題方面，仍必須克服。

二、IEP 格式

IEP 設計的本意並不是要增加教師的負擔，而是為了幫助教師有效執行特殊學生的適性教學，但由於擬定 IEP 仍舊需要時間投入，因此什麼樣的 IEP 格式較能節省教師時間，同時又能完成 IEP 的任務，則是大家關心的課題。在各種會議中教師常提出這樣的問題，例如教師在會議中會問：「可不可以有一份標準化的 IEP 表格？否則不同的評鑑委員來評鑑就有不一樣的標準，讓學校常常覺得無所適從，一改再改，非常浪費時間。」部分縣市教育局為了呼應教師的需求，也會請專家設計表格放在特教資源中心網站或教育局網

站供教師下載，但仍不敢號稱是標準表格，蓋因特殊學生個別差異大，實在難以用一種框架限定，Bateman 和 Linden（2006）就指出，所謂的 IEP 表格就是「沒表格」（Non-Forms）。

Bateman 和 Linden（2006）也指出，一份合適的 IEP 表格應該盡可能包含所有最簡單的必備要素，並且應視情況給予最大限度的彈性與創意，但應盡可能簡短與簡單，每份 IEP 頁數最好不要超過 5 頁。但國內的 IEP 大多超過 5 頁，介於 10 至 20 頁之間最為普遍（李翠玲，2002；林千惠，1999），而新近研究卻顯示，國小啟智班 IEP 的平均頁數為 33 頁（林坤燦、蕭朱亮，2004），卻又有點反其道而行。

Bateman 和 Linden（2006）指出，要解決 IEP 頁數太多的問題，可從選擇學生較為重要的需求來處理即可，例如，將學生的需求挑出其中兩項（或一項）來處理即可，不需要將所有的需求都拿來同時處理。

IEP 電腦化的主要目的也是為了節省教師擬定 IEP 的時間，這是公認必然的趨勢，也許檔案中的日期或固定的服務可以用電腦來管理，但學生之間的個別差異就難以事先制訂於制式表格，這是要靠教師的 IEP 專業能力，因此，教師在選擇使用電腦化 IEP 格式時，仍必須加強 IEP 的專業能力。

IEP 的中心是學生，在 IEP 過程中不可忽略學生參與 IEP 的權益，因此要盡量鼓勵學生參加 IEP 會議，同時還要加強學生的自我決策能力，使他們在會議中能有效地為自己發言，也就是要使學生都有參與會議並幫自己發聲的能力。

三、IEP 的隱私權

IEP 是學生的紀錄，它的作用和病歷一樣，具備隱私性，不能隨便公開，美國把學生 IEP 視為公財產，原稿必須留存在教育局的檔案資料庫中，需要透過公文才能調閱使用，比較不會遺失。我國則由學校或教師保管，但未有明文規定 IEP 屬於公財產，因此教師可能調校時，也把學生的 IEP 帶走，或因為教室空間有限，在搬遷教室或布置教室時，將舊的 IEP 棄置，以至於新到任特殊教育教師需要重新花時間建構學生的基本資料與起點能力，浪費寶

貴時間。

IEP 是過程也是產品（Kaye & Aserlind, 1979），以產品的角度而言，IEP 具備證據的功能，舉凡學生入學甄試、教育安置都能提供相當有用的線索，我國未來也許可以考慮將 IEP 列入公財產，在人事的更迭中，視為其中一項財產的移交。

 **總 結**

IEP 從無到有，從美國到我國，從不被認同到被認同，有讚賞也有爭議，然而只要秉持以學生為中心，以專業為根本，IEP 的枝節或表象的呈現，都可以根據世界潮流、國情、學校文化等因素加以調整。但不管 IEP 形式如何演變，只要堅持提供特殊學生「適性教育」的信念，就是特殊教育的精神所在。

Q&A

（C） 1. 個別化教育計畫（IEP）一詞始於：

　　㈭英國　㈮德國　㈯美國　㈰日本　的公法

（A） 2. IEP 功能在於：

　　㈭無論安置的型態，得為該生擬定

　　㈮ IEP 可由特教老師一手完成

　　㈯ IEP 是為特定類別學生而設

　　㈰監控教師教學效能的方法

（D） 3. 關於 IEP 之敘述，何者為非？

　　㈭是具有法令基礎、以保障學生獲得適性的特殊教育服務

　　㈮是學校、教師與家長溝通學生需要獲得哪些特殊教育服務的橋樑

　　㈯目前已經朝向電腦網路化發展

　　㈰書面形式意義大於實質意義

　　（93 年台北市國中教師甄試「特殊教育專業科目」試題）

4. 我國 IEP 發展的過程包括哪幾個階段？有何特徵？

5. 電腦化 IEP 之利弊得失與發展性為何？（91 年師大碩士班考試）

6. IEP 的主要內涵為何？

參考文獻

王振德（1988）。我國資源教室方案實施現況及其成效評鑑。**特殊教育研究學刊，4**，1-20。

台東縣特殊教育網路中心（1999）。http://tastspe.aide.gov.tw/。**實用數學 IEP（個別教學計畫）軟體**。

吳東光、孟瑛如（2004）。資源班教師對 IEP 電腦化之接受度與應用現況探析。**特殊教育季刊，26**，61-87。

李翠玲（1999）。「個別化教育計畫」納入特教法強制項目後實施現況調查研究。**新竹師院學報，13**，65-100。

林坤燦、蕭朱亮（2004）。個別化教育計畫實施現況及內容檢核之研究——以高雄市國小啟智班為例。**東台灣特殊教育學報，6**，1-32。

林幸台、林寶貴、洪儷瑜、盧台華、楊瑛、陳紅錦（1994）。我國實施特殊兒童個別化教育方案現況調查研究。**特殊教育研究學刊，10**，1-42。

林素貞（1999）。**如何擬訂「個別化教育計畫」**。台北市：心理。

胡永崇（2001）。啟智班個別化教育計畫的實施狀況與檢討。載於屏東師範學院特殊教育中心**「教學研討會」論文輯**（頁 20-35），屏東縣。

國立彰化師範大學特殊教育中心（1994）。**優良個別化教學方案專輯**。國立彰化師範大學特殊教育中心，彰化縣。

國立台灣教育學院特殊教育中心（1988a）。**個別化教學方案指導手冊——啟智篇**。國立台灣教育學院特殊教育中心，彰化縣。

國立台灣教育學院特殊教育中心（1988b）。**個別化教學方案指導手冊——啟聰篇**。國立台灣教育學院特殊教育中心，彰化縣。

楊佩貞（1996）。**國民小學啟智班個別化教育方案內容分析之研究**。國立彰

化師範大學特殊教育研究所碩士論文,未出版,彰化縣。

瑞復益智中心編著（1992）。**智能不足者個別教育計畫**。台北市:心理。

台中縣特殊教育學生鑑定及就學輔導委員會（1999）。**八十七學年度身心障礙特殊教育班個別化教育計畫訪視報告**。台中縣:作者。

鄭麗月（1996）。個別化教育方案的基本理念。載於國立台北師範學院編「**個別化教育方案 IEP**」（頁 1-10）,台北市。

賴錫安（1996）。**國民中學啟智班個別化教育方案內容之分析研究**。國立彰化師範大學特殊教育研究所碩士論文,未出版,彰化縣。

Ainscow, W., & Tweddle, D. (1982). *Preventing classroom failure: An Objectives Approach.* Chichester: Wiley.

Bateman, B. D., & Linden, M. A. (2006). *Better IEPs* (4th ed.). Verona, WI: Attainment Co.

Cooper, P. (1996). Are Individual Education Plans a waste of paper? *British Journal of Special Education, 23*(3), 115-119.

Federal Register (1977, August 23). Washington, DC: U.S. Government Printing Office.

Gartin, B. C., & Murdick, N. L. (2005). IDEA 2004: The IEP. *Remedial and Special Education, 26*(6), 327-331.

Goodman, J. F., & Bond, L. (1993). The Individualized Education Program: A Retrospective Critique. *Journal of Special Education, 26,* 408-422.

Johns, B. H., Crowley, E. P., & Guetzloe, E. (2002). Planning the IEP for students with emotional and behavioral disorders. *Focus on Exceptional Children, 34*(9), 12.

Kaye, N. L., & Aselind, R. (1979). The IEP: The ultimate process. *The Journal of Special Educaiton, 13*(2), 137-143.

Lynch , E., & Beare, P. (1990). The quality of IEP objectives and their relevance to instruction for students with mental retardation and behavioral disorders. *Remedial and Special Education, 11*(2), 48-55.

Mittler, P. (1981). Training for the 21st century. *Special Education: Forward Trends, 8*(2), 8-11.

Sigafoos, J., Elkins, J., Couzens, D., Gunn, S., Roberts, D., & Kerr, M. (1993). Analysis of IEP goals and classroom activities for children with multiple disabilities. *European Journal of Special Needs Education, 8*(2), 99-105.

Smith, S. W. (1990). Individualized Education Programs (IEPs) in special Education: From intent to acquiescence. *Exceptional Children, September,* 6-13.

第二章

ＩＥＰ法令

　　我國於 1997 年修訂之《特殊教育法》規定，各級學校應對每位身心障礙學生擬定個別化教育計畫（Individualized Education Program，簡稱 IEP），並且在《特殊教育法施行細則》中，規範 IEP 應包含的內容及其擬定完成與檢討之時間，自此我國 IEP 法制化的地位正式確立，也強化了 IEP 在特教評鑑過程中的適法性，實質上更提升 IEP 的使用率。

　　我國《特殊教育法》中有關 IEP 的規定，其架構主要師法美國法規系統，美國的 IEP 發展演變過程與執行情形有值得我國參考之處；另本章亦提供英國有關 IEP 法令與執行情形供比照我國法令，俾能了解 IEP 相關法令的趨勢。而在 IEP 過程中，包括現有能力水準描述、IEP 目標、特殊教育與相關服務及目標達成情形等相關法令的規定，則在第四章至第十章探討，不在本章範圍，本章主要探討 IEP 法令之概觀。

第一節

美國 IEP 立法與執行情形

　　IEP 發源地在美國，美國使用 IEP 的歷史可說是最悠久，自有可借鏡之處。美國 IEP 正式納入法案源自 1975 年的《94-142 公法》，即所謂的《全體障礙兒童教育法案》（Education for All Handicapped Children Act），接著在 1986 年第一次修訂，將特殊兒童受教年限下降至出生，為因應此一年齡層特殊孩子的需求，在此次修法中，要求對○至五歲特殊兒童實施「個別化家庭

支援計畫」（Individualized Family Service Plan，簡稱 IFSP）。1990 年美國通過第二次修訂，對已達 16 歲的特殊學生要求加入「個別化轉銜計畫」（Individualized Transition Program，簡稱 ITP）。1997 年美國通過第三次修訂，即所謂的《障礙者教育法案》（Individuals with Disabilities Education Act 1997，簡稱 IDEA '97），該法特別強調 IEP 中融合教育的特色，及特殊學生在 14 歲即要開始編擬轉銜計畫。2004 年第四次修訂，即《IDEA 2004》法案，該法特別強調簡化 IEP，短期目標可以省略不寫，除非是需要作替代評量的學生（通常是重度與多重障礙學生），以符合大多數老師要求減少文書工作的需求（Bateman & Linden, 2006; Smith, 2005）。

美國自實施 IEP 以來，至今已逾三十年，Goodman 和 Bond（1993）檢討美國 IEP 法治化後發現，IEP 已經被老師當成教學資料，而成為課程的核心。Smith（2005）檢討美國特殊教育法令有關 IEP 部分，發現 IEP 設計造成特殊教師大量的文書工作負擔，為了解決這個問題，在 2004 年的《IDEA 2004》法令中刪除 IEP 中短期目標的規定，同時選取 15 州試辦以三年為 IEP 長期目標的期限，以取代現行為期一年的 IEP 目標。但專家仍擔心可能造成 IEP 個別化的喪失（Bateman & Linden, 2006）。

IEP 的問題除了文書工作外，還包括與普通教育交流太少（Lipsky & Gartner, 1996），評量資料與課程設計脫節（Smith & Simpson, 1989），所發展的目標無法評量出學生進步的情形等（Yell, 1998）。這些現象與當初 IEP 立法所要求的過程與精神已經有所悖離。基於立法的保障，部分特殊學生的家長認為孩子的權益沒有受到保障，因此透過行政訴訟要求發展出合法與能提供適性教育的 IEP。

美國是一個重視法令保障的國家，父母如果認為教育當局違反 IEP 法令，極有可能提起訴訟。Yell 和 Drasgow（2000）曾分析 45 份 1993 至 1998 年有關自閉症學生家長提請有關 IEP 公聽會及法院訴訟的案子，最後法院的判決有 33 份（73%）屬於學校當局敗訴，敗訴的主因是 IEP 執行過程的（procedural）或實際的（substantive）錯誤，或包含以上兩種的錯誤；其中，IEP 執行過程的錯誤包括在擬定 IEP 時沒有把父母當成對等的夥伴，實際的錯誤則是指所擬訂之 IEP 並沒有辦法滿足學生的個別需求。Drasgow、Yell 和 Robinson

（2001）建議學校當局必須依據 IEP 的法條來執行 IEP 的過程，才不至於違法；除此之外，IEP 的設計必須使學生達成有意義的進步。Drasgow 等人（2001）更進一步針對 IEP 過程的四大步驟（評量、目標、服務與安置）設計檢核表，供學校當局檢驗 IEP 是否合法與符合適性教育之用。

Etscheidt（2003）分析 68 份發生於 1997 到 2002 年有關自閉症 IEP 的訴訟案件，結果發現行政與司法判決的主要因素，取決於學校當局是否能提供這些自閉症兒童適當的計畫，也就是 IEP 要包括三大要素必須被確認，亦即 IEP 目標必須要能配合評量資料、IEP 團隊成員必須有專業能力發展出 IEP，及所選用的教學方法必須能夠幫助學生達成 IEP 的目標等。在 IEP 目標必須要能配合評量資料方面，有 21 份 IEP 爭議較大，判決結果有 9 份合乎規定，12 份學校當局敗訴；IEP 團隊成員之 IEP 專業能力方面，有爭議的有 9 份，但判決結果結果是所有 IEP 皆合乎規定；所選用的教學方法必須能夠幫助學生達成 IEP 的目標方面，有 21 份判決合乎規定，17 份學校被判敗訴。

由美國 IEP 的立法到執行的發展過程，可看出美國障礙學生的父母對權益的爭取日益重視，發現有不符合 IEP 法令的時候，則不惜興訟，未來我國也可能發生這些案例，教師必須以謹慎專業的態度來編擬學生的 IEP。

第二節

英國 IEP 立法與執行情形

英國根據渥努克報告（Warnock Report, 1978）所建議的事項，在 1981 年的《教育法案》（The 1981 Education Act）中，即要求教育局必須為每一位特殊兒童設計個別的資格證書（Individual Statement），裡頭須記載這位學生的教育需求為何、教育當局可提供什麼樣的安置、相關的教育支援與課程，以及其他非教育體系如醫療和社會福利的服務等。此法案並開啟要求記載詳細的學生評量過程、家長參與，和允許家長對孩子教育安置決定的申訴權利。每一位特殊學生都必須要有指定的代言人，以行使學生的權利與法令之保障，通常是由學生的導師擔任（O'Hanlon, 1993）。儼然已具備個別化教育計畫的雛形。

　　自 1981 年之《教育法案》後，英國的《教育法案》於 1988 年修訂，強調國訂課程（National Curriculum）適用於特殊學生；到了 1993 年之《教育法案》時，則要求特殊學生必須安置在普通學校，除非有特別狀況，並強調醫療與社福單位要因應教育當局要求配合是一種責任（NASEN, 1993）。為配合執行 1993 年之《教育法案》，教育當局也推出《教育法案》之「施行細則」（The Code of Practice），強調學校必須為特殊學生擬定 IEP，內容包括七個領域，即學生學習困難的特質、學校將採取的介入、家長在家可做的協助、一段期限內預定達成的目標、額外的醫療或照顧、預定的評量與評鑑方式，及預定下次審查 IEP 時間（DfE, 1994）。1996 年之《教育法案》仍延續之前法案之精神，強調融合教育特色，並進一步排除設立在醫院機構的特殊教育單位（洪儷瑜，2001）。

　　英國雖然使用 IEP，但其英文原文與美國略有不同，英國 IEP 比較常用 "Individualized Education Plan" 來表示，而非 "Individualized Education Program"，Vissor（1994）解釋說「它是計畫的大綱或供遵循的規章」（outline of the scheme or regime to be followed），但無論名稱為何，強調「個別化」、「適性教育」的精神是一樣的。

第三節　我國 IEP 立法與執行情形

　　我國因為長期以來 IEP 執行的效果不彰，遂於 1997 年（民國 86 年）透過《特殊教育法》將 IEP 列為強制項目，IEP 的使用狀況也開始變化（見表 2-3-1）。

　　在 IEP 未法制化前及 IEP 法制化的初期，IEP 常見的問題包括（李翠玲，1999b）：

1. 全班共用一份 IEP，個別化精神無法落實。
2. IEP 只有教案，或只有教學日誌，或只有測驗卷，或只有作業單等，或有前述其中幾項要項。
3. 無長、短期目標、起迄日期，或長、短期目標起迄日期不合情理。

❖ 表 2-3-1　我國 IEP 法制化後之相關實證研究 ❖

作者	研究目的	研究結果
李翠玲 （1999a）	了解 IEP 納入《特殊教育法》之強制項目後，在桃竹苗地區之使用狀況	IEP 在中小學特殊班及殘障社福機構之使用率提高至八成
李翠玲 （2001）	探討我國 IEP 法制化後，國中小行政人員對 IEP 的了解與態度	學校行政人員參與 IEP 會議與了解 IEP 內涵的比例偏低 學校行政人員大多認同 IEP 能幫助老師教學
胡永崇 （2001）	了解與檢討啟智班 IEP 的實施狀況	有 92.5% 的教師為學生編擬 IEP 1. 每學期至少召開一次 IEP 會議的比例為 50.5% 2. 88.2% 的老師認為自己有編擬 IEP 的能力
林坤燦與蕭朱亮 （2004）	探討 IEP 法制化後，IEP 在國小啟智班使用率	IEP 使用率在高雄國小啟智班達 100%
李翠玲 （2006）	檢驗 106 份啟智班 IEP 在法制化後其撰寫品質為何	目標不夠具體、量化與清晰之 IEP 占 60%

4. 短期目標之擬定不夠量化，難以評量。

5. IEP 寫的是一套，教的又是一套。

　　IEP 法制化後，有關 IEP 的法令內容就變成訪視評鑑的項目之一，也是評鑑特殊教育品質的一項指標，因此，除了相關的研究能夠了解 IEP 法令執行的情形外，訪視評鑑報告也是一窺 IEP 執行狀況的另一途徑。盧台華（2001）在 2000 年（民國 89 學年度）台北市特教行政評鑑中發現，IEP 會議出席人員代表性不足或未召開、缺乏專業團隊之參與、未根據學生特殊需求安排課程與評量調整方式、與普通班的交流不足或未實施、IEP 成員間的互動較少、

行政未能依教學需要配合支援、轉銜輔導僅限升學，以及教師擬定 IEP 的專業素養不足等缺失。陳淑華、黃麗娟、楊萬教、鄭友泰（2001）檢討 2000 年桃園縣的特殊教育評鑑有關 IEP 部分發現，該縣市所有身心障礙學生均有 IEP，符合法令規定，且各項 IEP 內容大多符合法令規範，但仍有少數學校是一份 IEP 全班影印，無個別化，部分學校學生起點能力、目標與教學活動未能配合，特殊學生回歸仍有待改進。顯示 IEP 使用率整體有提升現象，但 IEP 的內涵與撰寫專業仍有待改進。

　　教育部於 2004 年對台澎金馬 25 縣市進行特殊教育評鑑，在 IEP 的執行部分發現，仍有部分縣市未能積極督導教師 IEP 內容與相關課程之適切性，評鑑小組建議加強辦理 IEP 撰寫實務相關研習，並督導教師所擬定 IEP 內容及相關課程之適切性（教育部，2005）。這樣的結果與 IEP 剛立法的結果比較，發現 IEP 普及率明顯成長，但教師對撰寫 IEP 專業的需求仍然十分殷切，這是現階段值得注意與檢討之處。

 總 結

　　整體而言，IEP 透過正式立法之後，再加上特殊教育評鑑的定期舉辦，撰寫 IEP 的量逐年上升，但 IEP 的質卻一直被質疑，例如 IEP 與教學脫節、IEP 不切實際等，可見 IEP 的法條立意雖佳，但因為相關配套措施不足，且大多數教師仍希望加強撰寫 IEP 的專業，IEP 在執行上仍有改進的空間。但不可否認，我國《特殊教育法》與施行細則歷經兩次的公布實施，逐漸完備，其中有關 IEP 條文的實施，因為屬於第一次透過法律條文來實施，立法的美意與現實面仍有些差異。目前我國正進行修法，期望能參酌現況，並兼顧特殊教育融合教育與簡化撰寫 IEP 目標的潮流，使得特殊教育在法令的帶領下，能有一番新氣象。

本文主要改寫自：

李翠玲（2004）。從特殊教育法修正方向——談 IEP 條文之內涵與立法趨勢。載於中華民國特殊教育學會（主編），「特殊教育的績效與評鑑」（頁 21-38）。台北市。

Q&A

（B） *1.* 依據《特殊教育法》規定，IEP 應在多久的時間內擬定為宜？

 ⒜開學前一週

 ⒝開學後一個月

 ⒞開學時

 ⒟未明訂

 （台北市 92 學年度國中教師聯合甄選特殊教育專業科目試題）

（A） *2.* 美國在下列哪一個法案中，確立在公立學校教育為特殊兒童提供免費、適當及個別化教育計畫？

 ⒜ PL.94-142

 ⒝ PL.101-476

 ⒞ PL.101-192

 ⒟ PL.99-457

 （台北市 92 學年度國中教師聯合甄選特殊教育專業科目試題）

（C） *3.* 國內立法要求家長主動積極參與之特殊教育活動是：

 ⒜特殊教育學生鑑定及就學輔導委員會

 ⒝參與各級教育行政機關為促進特教發展及處理各項權益申訴之會議

 ⒞擬定個別化教育計畫

 ⒟以上皆是

 （台北市 92 學年度國中教師聯合甄選特殊教育專業科目試題）

（D） *4.* 美國在 1975 年所公布的《殘障兒童教育法》中將「回歸主流」一詞改採用何名稱，以減少不必要的誤解？

 ⒜「融合主流」

 ⒝「自主教育」

 ⒞「補償教育」

 ⒟「最少限制的環境」

 （台南縣 91 學年度國民中學教師聯合甄選特殊教育科試卷）

（D）5. 1975 年的《94-142 公法》確立的特殊教育的原則為：

（A）IEP

（B）LRE

（C）合適評量

（D）以上皆是

（B）6. 中美特殊教育法中對 IEP 相同之處為：

（A）要求教育當局的行政代表參加

（B）強調對普通教育的參與

（C）明確規定評量次數

（D）轉銜服務都是以各教育階段間的轉銜為主

（D）7. 關於 IEP 之敘述，何者為非？

（A）是具有法令基礎、以保障學生獲得適性的特殊教育服務

（B）是學校、教師與家長溝通學生需要獲得哪些特殊教育服務的橋樑

（C）目前已經朝向電腦網路化發展

（D）書面形式意義大於實質意義

（D）8. 哪些人必須參加學生 IEP 會議？

（A）學生家長、特教班導師

（B）學生家長、輔導老師、特教組長、校長

（C）學生家長、特教老師、普通班老師、學校行政人員

（D）學生家長、特教老師、普通班老師、學校行政人員、相關專業人員

（B）9. 關於特殊教育相關法令規定的 IEP 實施，以下何者錯誤？

（A）每一位身心障礙學生都要擬定

（B）開學後一個月擬定，每學年檢討一次

（C）採用專業團隊合作方式討論與實施

（D）學生本人也可以參加

參考文獻

李翠玲（1999a）。「個別化教育計畫」納入《特教法》強制項目後實施現況調查研究。**新竹師院學報，13，**65-100。

李翠玲（1999b）。IEP 的理念與其問題。**竹師特教簡訊，28，**1。

李翠玲（2001）。學校行政人員對「個別化教育計畫」之了解與支持態度。**國小特殊教育，31，**36-40。

李翠玲（2006）。國中小啟智班 IEP 可行性、一致性、清晰度與有效性分析研究。**特殊教育暨創造思考研究，3，**1-19。

洪儷瑜（2001）。**英國的融合教育**。台北市：學富。

胡永崇（2001）。啟智班個別化教育計畫的實施狀況與檢討。載於屏東師範學院特殊教育中心之「教學研討會」論文輯（頁 20-35），屏東縣。

教育部（2005）。**九十三年教育部對地方政府特殊教育行政績效評鑑報告**。教育部。台北市。

陳淑華、黃麗娟、楊萬教、鄭友泰（2001）。**桃園縣九十一學年度國民中小學特殊教育身心障礙類別評鑑報告**。桃園縣政府桃園縣特殊教育鑑定安置及就學輔導委員會。桃園縣。

盧台華（2001）。個別教育的實施。載於台北市政府教育局主編「**台北市八十九學年度特殊教育評鑑報告（身心障礙類）**」（頁 72-78）。台北市。

Bateman, B. D., & Linden, M. A. (2006). *Better IEPs* (4th ed.). Verona, WI: Attainment Co.

DfE (1994). *The Code of Practices on the identification and assessment of SEN.* London: DfE.

Drasgow, E., Yell, M. L., & Robinson, R. (2001). Developing legally correct and educationally appropriate IEPs. *Remedial and Special Education, 22*(6), 359-373.

Etscheidt, S. (2003). An analysis of legal hearings and cases related to Individualized Education Programs for children with autism. *Research & Practice for Persons with Severe Disabilities, 28*(2), 51-69.

Goodman, J. F., & Bond, L. (1993). The Individualized Education Program: A retrospective critique. *Journal of Special Education, 26,* 408-422.

Lipsky, D. K., & Gartner, A. (1996). Inclusive education and school restructuring. In W. Stainback & S. Stainback (Eds.). *Controversial issues confronting special educationl: Divergent perspectives.* (pp. 3-15). Boston: Allyn & Bacon.

O'Hanlon, C. (1993). *Special education integration in Europe.* London: David Fulton.

Smith, S. M., & Simpson, R. L. (1989). An analysis of Individualized Education Programs (IEPs) for students with behavioral disorders. *Behavioral Disorders, 14,* 107-116.

Smith, S. W. (1990). Individualized Education Programs (IEPs) in special education: From intent to acquiescence. *Exceptional Children, September,* 6-13.

Smith, T. E. C. (2005). IDEA 2004: Another round in the reauthorization process. *Remedial and Special Education, 26*(6), 314-319.

Visser, J. (ed.). (1994). *A guide to the 1994 Code of Practice, OFSTED and related documents.* Stafford: NASEN.

Yell, M. L. (1998). *The law and special education.* Upper Saddle River. NJ: Merrill / Prentice Hall.

Yell, M. L., & Drasgow, E. (2000). Litigating a free appropriate public education: The Lovaas hearings and cases. *The Journal of Special Education, 33,* 205-214.

個別化教育計畫(IEP) 實施

第三章

IEP 會議

IEP 會議是整合 IEP 團隊成員意見的機會，也是校方與家長溝通互動的時候，在正式擬定學生 IEP 之前，如能透過會議，將學生的現有能力與特殊需求加以確定和修正，並針對準備安排的目標在會議中充分溝通，將有助資源整合與訂出 IEP 目標方向的作用。但要發揮 IEP 會議的功能，IEP 會議舉辦的形式、過程與相關細節都不可輕忽。本章首先說明 IEP 會議的相關法令規定，接著說明 IEP 會議應該參加的人員與進行的方式，最後針對如何提高 IEP 會議參與率問題，透過一些案例加以說明。

第一節

相關法令

美國與我國在特殊教育相關法令中，對 IEP 會議與開會的時間、形式皆有相關的規定，以確保 IEP 擬定前 IEP 團隊成員間充分的溝通，但 IEP 會議的形式也因應現實需要有所修正。

在 IEP 會議召開的時間方面，美國法令規定當個案被鑑定為身心障礙者的 30 天內，就必須舉行第一次委員會會議；再者，至少一年內必須再召開「個別化教育計畫會議」，以評鑑此「個別化教育計畫」實施成效。此外，當「個別化教育計畫」必須作重大改變，或是家長或學區行政單位提出要求時，「個別化教育計畫委員會」都必須隨時再召開會議（林素貞，1999）。至於召開會議的地點則主要是以學校為主。一年期限的會議召開時間通常以

個案的出生月日為基準，召開會議的性質分首次 IEP 會議（Initial）、年度（Annual）、三年一次（Triennial）等，但有需要時則隨時召開檢討會議（Review）。

在《IDEA 2004》法令中更放寬 IEP 會議的形式，允許當某些 IEP 團員被認為可以不需要參加 IEP 會議，且經過其他團員同意時，即可不用參加，或只需要在 IEP 會議召開前提供書面資料即可（Smith, 2005）。《IDEA 2004》法令也允許在學校與家長同意之下，不需要全部 IEP 成員到齊，即可調整該年度已經修訂完成的 IEP，以減少召開 IEP 會議的次數。目前《IDEA 2004》選擇 15 州進行研究，探討將 IEP 年度會議改為三年一次來召開，如果其研究結果是正向的，則將此種 IEP 會議形式推行實施於全美。

我國的《特殊教育法施行細則》第 19 條規定，個別化教育計畫會議召開的時間是在開學後一個月內，並規定每學期要召開 IEP 檢討會議。這樣的規定是考慮到教師也許需要用到開學後一個月的時間來了解新生的能力與其特殊需求，據以編擬 IEP（李翠玲，2004），但這樣的設計卻可能造成開學一個月的教學空窗期，教師忙著評量學生起點能力而忽略了教學的任務，因此有些學校的舊生 IEP 會議是在前一學期末的檢討會議中提出，一到開學即可進行教學，這樣才不會浪費寶貴的學習時間。目前教育部正著手修訂《特殊教育法》，在其草案中規定開學前學生的 IEP 要擬定完成，也就是說，IEP 會議要在這個時間之前完成。《特殊教育法施行細則》亦規定每學期至少檢討一次 IEP，通常學校會選在期末召開 IEP 會議檢討 IEP 實施成效，一方面檢討該學期 IEP 目標達成成效，一方面也討論舊生在下學期的 IEP 目標規劃。

第二節

如何進行 IEP 會議

不管是美國還是我國的法令皆要求 IEP 要以團隊方式來擬定，根據我國《特殊教育法施行細則》第 18 條規定，IEP 團隊成員應該包括學校行政人員、教師、學生家長、相關專業人員等，並得邀請學生參與，必要時，學生家長得邀請相關人員陪同。校長可為 IEP 會議之主席，在實務上，IEP 會議

可與「特殊教育推行委員會」會議適度之結合，以利推展融合教育（李翠玲，2005）。目前為因應融合教育的需求，美國的《IDEA 2004》法令更明訂 IEP 會議成員必須包括普通班老師，我國法令雖有規定教師為其成員，但也可更明確將普通班老師納入為當然成員，以利融合教育之推展。

　　IEP 團隊成員在會議中所討論的內容應以個案為焦點，而非特殊教育政令宣導，或學校整體特殊教育執行情形，亦即主題應該包括個案的下列內容：

1. 學生成就水準
2. 年度目標及短期目標
3. 所能提供的特教服務及各負責之人員
4. 實施期限
5. 評鑑標準及日期

　　在 IEP 會議中，IEP 團隊成員必須就所蒐集的資料討論有關學生的教育優勢與弱勢，然後根據 IEP 表格來擬定 IEP，並至少每一學期（美國是每一年）檢討一次，以了解學生的教育需求是否得到滿足。

　　針對 IEP 團隊成員在 IEP 會議中所擔負的職責，歸納如表 3-2-1。

　　通常 IEP 的相關人員要找出共同的時間來開會可能會有困難，尤其是不易邀請治療師與全部家長來參與 IEP 會議，但不管召集到所有成員參加 IEP 會議是如何困難，邀請的動作是不可以省略的，IEP 會議通知可透過家庭聯絡本、電話或 e-mail 送出。

　　在召開 IEP 會議的地點方面，以在學校召開最適合，理由是大部分的委員會成員都是學校的相關人士（林素貞，1999；Bateman & Linden, 2006）。Bateman 和 Linden（2006）認為，第一次 IEP 會議或有重大事項要討論時，IEP 團隊成員必須盡量大家面對面，坐下來作安排與討論，且盡量要家長參與，其他的 IEP 會議可透過視訊、電話或傳真等替代方式，但前提是必須經過 IEP 團隊成員的同意。

❖ 表 3-2-1　IEP 會議參與人員與職責 ❖

職位	職責
主席 （校長）	1. 主持會議 2. 協調委員會活動 3. 確定申訴程序 4. 作決策 5. 與家長溝通
學校行政人員 （教務主任） （總務主任） （訓導主任） （輔導主任） （特教組長）	1. 提供行政資源服務，包括交通、輔具、無障礙 　　環境、行為處理、排課協調 2. 提供評量工具與協助鑑定特殊兒童
普通班教師	1. 提供學生在學習時的表現資料 2. 明確指出學生的學習能力與限制 3. 提供課程設計的資料 4. 協助發展學生的長短期目標
特教班教師	1. 提供學生障礙的資料 2. 明確指出學生的學習能力與限制 3. 明確指出學生的障礙需求 4. 參與解釋資料 5. 研擬學生的長短期目標 6. 提供課程設計的構想
家長 （監護人）	1. 提供家長參與能力與限制之資料 2. 提出家長對孩子的期望 3. 提供孩子所接受其他服務的資料
治療師	1. 解釋特殊評量資料 2. 提供治療服務之建議

第三節

提高 IEP 會議參與率要訣

　　如前所述，IEP 會議通常在學校舉行，教育局人員、家長與專業人員必須到校來開會，其中又以家長在 IEP 會議中意義重大，因為家長的意見最能反應出家庭學校的夥伴關係，而導引出個案有意義 IEP 的目標與服務（Rock, 2000）。但國內外的研究（林坤燦、蕭朱亮，2004；劉小娟、林惠芬，2003；Abelson & Metge, 1985）顯示，身心障礙學生之家長參與率偏低，可見 IEP 會議的一些因素有待克服。

　　IEP 會議必須謹慎規劃才能提高家長的參與率（Harry, 1992; Kalyanpur & Harry, 1999; Rock, 2000），Chen 和 Miles（2004）認為，教師在召開 IEP 會議之前可以先自問下列問題：

1. 什麼樣的會議形式是我與家長所能安排的？
2. 我如何為他們做準備？
3. 家長如何被告知要開會？何時開 IEP 會議的時間較為恰當？家長是否被充分告知何時開會？家長是否充分被告知要來參加會議？
4. 我如何使家長覺得在 IEP 會議中是受歡迎與有價值的人？
5. 我如何鼓勵家長積極參與會議？
6. 家長參與會議的障礙是什麼？我要如何克服這些障礙？

　　家長覺得有被充分告知 IEP 會議中有關其子女的資訊，及在 IEP 會議受到尊重能提供有價值的資訊，並被視為擬定 IEP 的核心的一員，才有可能提升家長參加的意願。但現行狀況則常使得家長認為，自己在會議中的角色只是旁觀者、建議者、資訊提供者及配合者，而非計畫擬定者（劉小娟、林惠芬，2003）。家長的文化與溝通方式也要在發出 IEP 會議通知前加以考量，聽障的家長應該考慮提供手語翻譯員，外籍家長應考慮提供翻譯者，這些問題都應該在 IEP 會議之前安排妥當。而家庭文化背景因素也應在 IEP 目標擬定之前事先考量，例如面臨國中（或高職）畢業的學生，老師可能在轉銜計

畫中安排參加職訓的目標，但該家長可能早就決定該生畢業後留在家裡由家人照顧，因此該 IEP 目標與家長期待有落差，這些情況都應該在 IEP 會議召開之前充分掌握，才能在 IEP 會議時以充分的資源與家長溝通。

以下是提升 IEP 會議效率與參與的一些建議：

一、會議前準備工作

1. 事先徵詢 IEP 團隊成員可以來開會的時間，再透過邀請、公告、網路或 e-mail 等形式，將 IEP 會議舉辦的時間地點告知 IEP 團隊成員，通知應在會議前一個星期到達各成員手中。在開會前幾天，應該再以電話提醒。
2. 事先調查家庭對孩子的期望、來開會的交通問題是否需要協助、是否需要安排小孩托育、是否需要溝通上的協助等。
3. 準備布置一個溫馨與歡迎的會議場地，例如冷氣（或通風）教室、提供一些小點心、安排小型對話、注重隱私等。

二、會議時

1. 開會的時間應允許彈性變通，不一定要在上班時間舉辦，如果大多數人同意，也可在傍晚或週末舉辦，以配合家長時間。
2. 給家長看的資料應該使用易懂的字眼，太專業的特教或醫療字眼應該盡量避免。資料必須是針對個案設計，而非特教宣導，但可提供有助於個案發展的專業知識。
3. 在與家長談話時，應注意肢體語言與口氣，使家長覺得被尊重與教師是關心其孩子，不要在家長面前與其他團隊成員竊竊私語。
4. 最好在會場提供會議流程表，並確實掌握時間，以避免有些人發言過於冗長，或變成吐苦水大會而耽誤正事。同時，最好也提供團隊成員的 IEP 任務表（如表 3-2-1），使 IEP 團隊成員在發言時能清楚其角色並利用機會諮詢其他專業人員。

三、會議後

1. 評估會議內容是否充分傳達給家長。
2. IEP 會議後針對家長意見與各團隊成員意見修正確定 IEP，完成後盡早給家長簽名。
3. 針對未能參加 IEP 會議者，利用電話或 e-mail 了解其對子女意見。

　　教師平時就應與家長建立良好關係，並讓家長參與班級的一些活動，如此一來，彼此的歧見就較容易化解，對提升家長參加 IEP 會議的意願較有助益；教師也應培養人際溝通技巧、同理心與傾聽技巧等，增進與其他 IEP 團隊成員間彼此有效的互動。以下是筆者多年來參與特教會議經驗，與綜合 Chen 和 Miles（2004）的看法，將教師與家長在 IEP 會議互動的正面（達人老師）與負面（白目老師）反應舉例如下，希望有助教師與家長互動技巧：

範例一
　　教師：「我很高興有這個機會討論小英的 IEP 計畫，我們預計使用圖片兌換溝通系統來幫助她溝通。」
　　家長：「可是她連話都不會說，我想她更需要語言治療。」
　　白目老師：「小英是屬於無語言能力者，所以才需要溝通的方法來幫助她。」
　　達人老師：「您似乎認為學習說話是目前小英最需要學習的，你要不要聽聽她在語言治療的情形？」

範例二
　　家長：「小強自從進了特教班，回家後他的行為就變得很恐怖，他不肯聽我的話，亂發脾氣，他以前在普通班時不是這樣的，他好像很不喜歡特教班。」
　　白目老師：「這只是過渡時期，過一陣子就會好。」

達人老師：「您似乎比較希望小強到融合班（或普通班），您是否認為在融合班（或普通班）的環境對小強最好？」

範例三

家長：「小美的身體已經漸漸發育，可是她對自己的性安全知識仍十分缺乏，我們不放心她升到國中，想讓她繼續留在小學。」

白目老師：「按照法令她必須升到國中去，把空缺讓出來給其他可以入班的學生，這樣才公平。」

達人老師：「您的擔心是可以理解的，我去查查看有沒有其他的替代方式可以幫助她……」

 總結

　IEP 會議是 IEP 執行成效的一項投資（Bateman & Linden, 2006），它是攸關 IEP 是否可行的關鍵，唯有透過 IEP 會議將一些困難與歧見化解，才能有效擬定與執行 IEP。本章就 IEP 會議舉辦的形式與困難，並透過一些範例解說，希望能提升 IEP 會議的參與率與效率，以助下一階段 IEP 的擬定。

Q&A

（B）　針對個別化教育計畫之描述，下列何者正確？

(A)學校特殊教育推行委員會可與個別化教育計畫會議聯合召開

(B)應運用團隊合作方式針對學生個別特性擬定

(C)於每學期結束前擬定完成個別化教育計畫

(D)為顧及心理層面問題，學生不須參與個別化教育計畫會議

（94 年度高級中等以下學校及幼稚園教師資格檢定考試）

參考文獻

李翠玲（2004）。從特殊教育法修正方向──談 IEP 條文之內涵與立法趨勢。
　　載於中華民國特殊教育學會九十三年年刊特殊教育的績效與評鑑，21-38。

林坤燦、蕭朱亮（2004）。個別化教育計畫實施現況及內容檢核之研究──
　　以高雄市國小啟智班為例。東台灣特殊教育學報，6，1-32。

林素貞（1999）。如何擬訂「個別化教育計畫」。台北市：心理。

劉小娟、林惠芬（2003）。中部地區國中啟智班家長參與個別化教育計畫會
　　議之研究。特殊教育學報，18，1-19。

Abelson, A. G., & Metge, M. (1985). Parental roles in special education: The views
　　of special educators. *Spectrum, Journal of School Research and Information,*
　　3(2), 37-40.

Bateman, B. D., & Linden, M. A. (2006). *Better IEPs* (4th ed.). Verona, WI: Attain-
　　ment Co.

Chen, D., & Miles, C. (2004). Working with families. In Orelove, F. P., Sobsey, D., &
　　Silberman, R. K. (Eds.), *Educating children with multiple disabilities: A collab-*
　　orative approach (pp. 31-65). Baltimore, MD: Paul H. Brookes.

Harry, B. (1992). *Cultural diversity, families, and the special education system:*
　　Communication and empowerment. New York: Teachers College Press.

Kalyanpur, M., & Harry, B. (1999). *Culture in special education: Building reciprocal*
　　family-professional relationships. Baltimore, MD: Paul H. Brookes.

Rock, M. L. (2000). Parents as equal partners: Balancing the scales in IEP develop-
　　ment. *Teaching Exceptional Children, 32,* 30-37.

Smith, T. E. C. (2005). IDEA 2004: Another round in the reauthorization process. *Re-*
　　medial and Special Education, 26(6), 314-319.

第四章

學生基本資料敍述

敍述學生基本資料是撰寫 IEP 的第一步，也是最簡單的部分，主要是將學生的基本資料登錄，以作為後續擬定 IEP 參考之用，所以並不需要特別撰寫 IEP 的專業能力。但因為要配合之後的 IEP 設計所需的重點，仍有一些資料必須在這部分交代清楚。以下即為學生背景資料應該包括的要素、確認學生障別與程度的要點、家庭狀況概述、個人史的敍述與一些例子的參考。

第一節

基本資料包含要素

通常在台灣我們所看到的學生 IEP 基本資料的格式大致如下：

❖ 表 4-1-1　台灣 IEP 基本資料格式示例 ❖

姓名	趙大力			性別		●男○女		出生日期		85/07/07
身分證字號	A100553×××			鑑定文號				身心障礙手冊		○無●有
障礙類別	自閉症			障礙等級		○輕度○中度○中重度●重度○極重度				
父親	趙○○	教育程度	國中	職業	工	年齡	40 歲	國籍	●本國籍 ○外國籍：_____	
母親	邱○○		國小		手工		35 歲		●本國籍 ○外國籍：_____	
戶籍地址	新竹市香香街 300 號					聯絡電話			日：5311111 夜：5333333	

　　以上台灣 IEP 格式中基本資料主要包括學生的姓名、性別、年齡、家庭背景、障礙類別與程度等基本資料，美國的 IEP 基本資料的格式與我國大同小異，但因為文化背景不同，其重點仍有一些差異，以下是美國一份 IEP 格式中有關基本資料的內容，經翻譯後呈現如下：

❖ 表 4-1-2　美國 IEP 學生基本資料格式示例 ❖

學生資料
姓名：彼得_____　　編號# 88252024_____
出生年月日：2/24/00　年齡：3　性別：M　種族：亞裔
家庭使用語言：英語>中文　學生語言：英文　所需翻譯：中文　在 IEP 會議
學生地址：42 Morgan St.　　郵遞區號：94122　　學生電話：75961××
父母／監護人：Dani　　地址：同上_____　家庭電話：_____
工作電話：4202869_____
就讀學校：CDC____　年級：PK__　地區：District X__ Private____ NPS_____
居住地：家裡 X____　寄宿家庭：____　機構：_____
法定障礙（ELIGIBILITY）（障礙／類別—只能選一個）
X__ 自閉症；重度 X____ 非重度____

　　美國是多種族的國家，為了避免因為種族、語言方面的隔閡，造成 IEP 會議上溝通的困難，因此在基本資料中要交代種族及是否需要翻譯，如果父母只能了解自己的母語，則所有 IEP 的內容都要改用該國母語來寫。我國近幾年來隨著新台灣之子的增加，未來似乎也應重視其權益。整體而言，Gibb 和 Dyches（2000）認為，IEP 中基本資料的內容至少應該包含以下三大內容：

1. 學生姓名、出生年月日、性別、聯絡地址與電話等學生背景資料
2. 確定學生主要在家與在校使用語言
3. 寫上障礙類別與程度

　　IEP 之所以強調語言要特別註明的原因，是考量在 IEP 會議時，家長可能會有翻譯員的需求；同時，學生未來的學習也要考慮雙語的需求，而成為

IEP 目標。註明障礙類別與程度是為了了解障礙對學生進步的影響，如果學生有兩種以上障礙，則除了要寫上主要障別外，也要註明次要障別，以幫助 IEP 團隊了解學生的主要障礙對學生 IEP 目標達成的影響。

第二節

確認學生障礙類別與程度

在 IEP 之基本資料內容中，有關學生障礙類別與程度的敘述，通常學生如果有殘障手冊，則將殘障手冊的障別與程度寫上；如果沒有殘障手冊，則依據縣市教育局鑑定安置輔導委員會（簡稱鑑輔會）的鑑定結果，將學生的障別與程度寫上。不過，因為殘障手冊的障別與程度內容較為簡略，且很可能在學生很小的時候就帶去鑑定，因此與學生現階段實際的狀況可能有落差，這些情形應該留意。

有些學生雖然有特殊教育的需求，但不願意或無法取得殘障手冊，或沒有鑑輔會的測驗結果，但仍可以使用公立醫院醫生的證明來確定其障礙類別與程度，據以接受特殊教育的服務。

第三節

家庭狀況敘述

IEP 要有效執行的其中一個重要關鍵是家庭的配合，雖然在表 4-1-1 中的格式有包括家長的職業、教育程度與年齡等資料，但如果要提供更詳細的家庭資料，也可以將家庭成員以家庭樹表示，表 4-3-1 是家庭狀況敘述的例子。

❖ 表 4-3-1　家庭狀況敘述示例 ❖

主要照顧者：	父母、爺爺、奶奶
家中語言：	國語、台語
經濟狀況：	爸爸在市政府環保局上班（殘障），母親是家庭主婦，家中育有三個子女，經濟來源是爸爸，經濟稍差。
父母婚姻狀況：	父母關係和諧。
家長對該生的期望：	媽媽希望他能身體健康，學習自己獨立、生活能自理，不亂發脾氣。

家庭圖： 爺　　奶 父　　母 姊　　妹 姊　小強　妹	備註： 家中成員三代同堂，家中小孩多，父母重男輕女，對小強期待高，住在狹小巷道內，居家環境衛生不佳！

第四節

個人史的敘述

在 IEP 基本資料的部分，為了提供更詳細的就醫或就學資料，可以將之統整為醫療史、教育史等個人史，這些資料形同醫院的病歷一樣，也是能提供有效的資料，表 4-4-1 是個人史使用於 IEP 的例子：小芳是位唐氏兒同時有聽障，平時戴助聽器，特教班老師透過家庭訪問，整理出小芳的成長史、醫療史與教育史，以作為編擬 IEP 與教學的參考。

附錄一是利用個人史方式編擬 IEP 目標的例子，值得注意的是，單單只靠個人史的資料無法了解學生的所有起點能力，因此還要再加上其他相關的正式評量資料。

⋰ 表 4-4-1　小芳的個人史內容 ⋰

生長史	出生前：母親曾打安胎藥、害喜嚴重 出生時：初生時體重僅有 2200 公克 　　　　難產腦部缺氧 5 分鐘 出生後：呼吸困難曾以人工呼吸急救 嬰兒時：很少啼哭 幼兒期：中耳炎積水、五歲開始配戴助聽器、水痘
教育史	學前教育：第一兒童發展中心 3 年 　　　　　會分辨衣服正反面 國小教育：啟智班 6 年 　　　　　能仿說、仿寫、會認數字 1-9 國中教育：啟智班迄今 2 年 　　　　　以性教育與社會適應為課程重點
醫療史	聽覺狀況：因唐氏症先天生理構造異常，於 3 歲時患中耳炎，裸耳左耳 　　　　　聽力 70 分貝，右耳聽力 85 分貝 視覺狀況：眼球振顫 語言狀況：於 5 歲時開始在台大醫院進行語言治療

 總 結

　　學生基本資料的敘述雖然是 IEP 過程中最簡單、最不涉及專業撰寫的部分，但學生的個別差異大，要從眾多零碎或不足的原始資料中，整理出學生的障礙情況、家庭情況或學生的個人史，教師仍須具備統整能力，在敘述時除了真實反映出資料內容外，也要考量所提供的資料必須有助 IEP 團隊了解學生的基本需求，這樣才能對下一階段的學生的起點能力與特殊需求敘述有所幫助。本章提供一些基本資料敘述的例子，希望有助 IEP 這部分撰寫的指引。

Q&A

（C） *1.* 在撰寫 IEP 過程中最簡單的部分是：

  ⑷ IEP 目標的撰寫

  ⑻學生現有能力水準敘述

  ⑼基本資料的敘述

  ⑽目標達成的評量

2. IEP 中基本資料的內容至少應該包含哪三大內容？並請說明其原因。

3. 請根據所提供個案的基本資料，寫出個案的 IEP 學期目標。

一、基本資料	姓名	劉明	性別	男	出生日期	民國88年3月3日
	殘障手冊編號	J122380××	殘障類別與等級		智障，中度	
	家長姓名	劉××（母歿）	聯絡電話		（O）544444（H）5666666	
	住址	新竹縣寶山鄉×鄰×號				
二、家庭狀況	排行老三，有一兄一姊，均在○○國中就讀，成績偏低，哥哥也畢業自國小啟智班。 母親早逝，父親上三班制，無空教養，但願意跟老師溝通配合，對聯絡簿所說聯絡事項均有所回應。					
三、生長史	母親在30歲時生劉明，懷孕7、8個月開始就因病服藥；難產，出生時體重2900公克，大致都屬正常，但學習比一般同齡兒童明顯遲緩。					
四、受教史	曾就讀普通幼稚園。					

（續）

五、醫療史	有斜視、弱視現象，父親帶至眼科檢查並配戴眼鏡，但劉生不是每天都願意配戴眼鏡上課，醫師診斷的眼睛治療似乎也不見實施。
六、教育診斷	1.上課時對韻律性的課文、節奏較清晰的兒歌都反應熱烈，但其他學習的欲望偏低。在學業成就方面，劉生的聽說讀寫都有困難，短期記憶差，學習意願也相當低落，唯有語言表達較為正常，聽覺記憶也不錯。 2.受視覺障礙影響，劉生往往連幾分鐘的注意力都很難維持，比較好動，隨意拿他人物品。劉生自幼缺乏母愛，非常渴望與他人的親密關係，但因個人衛生較差，大家不願意接近他，所以常會因挫折而故意搗蛋，事後又不停地說對不起，過不久仍再犯。也常會在操場隨手拿走他人的飲料、開水，缺乏「人」、「我」的正確觀念。放學時，因為家中沒人可以來接，劉生經常在外遊蕩到天黑才回家。 3.智商測驗摘要：「TONI非語文」IQ72，PR-3，鑑輔會「拜瑞視動統整發展測驗」3歲7個月。 4.社會適應能力：「適應行為量表」PR 25以下者有9項。 5.對節奏有概念，喜歡律動課及有節奏性的課文，常常會隨著音樂自然跳動起來。
七、醫療診斷	散光，醫師診斷描述：視力測驗的部分符號無法有效辨識表達，需要做定期追蹤與藥物治療。
八、綜合分析	1.優勢：劉生的語言能力是他比較有利的地方，許多句子及意思都能主動自我表達，如果能從其「聽」與「說」的能力著手進入教學領域，應該會比較容易見到效果。 2.弱勢：視力的障礙、認知的困難是劉生比較弱的一環，認字對劉明來說經常是隨認隨忘，基本認知的學習可以再加強，然後才會將自己的基本資料學習書寫。尤其在必要時，應該多運用肢體協助或半協助矯正其姿勢與筆順，慢慢養成書寫的能力。

參考文獻

Gibb, G. S., & Dyches, T. T. (2000). *Guide to writing quality Individualized Educa- tion Programs.* Boston, MA: Allyn & Bacon.

第五章

學生起點能力與
特殊需求描述

　　IEP是為特殊學生創造效能教育的驅動力，在 1996 年的 Wingspread 特殊教育研討會的報告中，稱IEP為「特殊教育制度之心臟」（heart of special education system）（Johns, Crowley, & Guetzloe, 2002）。IEP 常被視為美國特殊教育法案及整個特殊教育的核心（Heward, 2000; Huefner, 2000），因此在實施特殊教育的國家，為了掌控特殊教育的品質，大多有 IEP 的設計，我國也不例外。

　　IEP 的精神強調提供特殊學生適性的教育，在規劃適性教育的第一步，就是要先找到學生現有能力水準與特殊需求，再據以編擬目標，以作為提供適性教育的基礎。然而，老師亦有反應編寫 IEP 時因診斷工具缺乏，對學生起點行為的把握難以確定（胡永崇，2003），因此現職特教老師亟需此方面協助。著眼於此，本章從法令對 IEP 現有能力水準應包含項目論起，之後說明目前國內常用的鑑定學生起點能力的方式與工具，接著敘述如何透過資料，找到可供敘寫學生現有能力水準與特殊需求的要點與例子，並提供相關偵錯與修正建議，希望有助提升撰寫學生 IEP 起點能力與特殊需求方面的品質。本章所稱學生現有能力水準（Present Levels of Educational Performance，簡稱PLEP）的名稱，亦有時稱之為起點能力，本章混合使用於內容中。

第一節

法令規定

　　IEP必須透過法令才能有效執行，我國也是透過法令賦予IEP的正當性，

才得以提升其執行率。以下就美國《IDEA '97》與《IDEA 2004》教育法令中，對學生 IEP 中現有能力水準的規定，與我國特殊教育法令這方面的規定敘述如下：

一、美國

在美國《IDEA '97》法令中，有關學生的現有能力水準部分，其重點要放在「教育」上的現有能力水準，同時必須在 IEP 中描述學生在教育上的優勢與弱勢（Gibb & Dyches, 2000）。歸納而言，《IDEA '97》法令對 IEP 中有關起點能力的要求是，規定要寫出學生的優勢與弱勢能力、特殊需求，與學生身心障礙狀況對其在普通班上課及生活之影響等三項。

美國新近所修訂的身心障礙法令《IDEA 2004》，對 IEP 起點能力的規定則稍有改變，原本在舊法中強調學生的能力敘述要聚焦於「教育表現」（educational performance），在新法中則改為「學業成就與功能性表現」（academic achievement and functional performance），這樣的改變是為了更清楚界定與更擴大原本只有「教育」焦點的學生現有能力敘述；而原本在舊法中，要求在 IEP 中敘述孩子的障礙情況，如何影響孩子在「普通班課程」參與和進步情形，現在則改為「普通教育課程」，範圍予以擴大。另外還加上一條文，就是對那些障礙程度為重度者，要求在敘述其現有能力時，要寫出替代評量為何（Gartin & Murdick, 2005）。

二、我國

我國在 1997 年（民國 86 年）所修訂的《特殊教育法》規定所有的特殊學生都應該要有 IEP 的設計，從此 IEP 從宣示性質正式變成強制項目，隔年在 1998 年頒布《特殊教育法施行細則》有進一步實施的規定，在第 18 條第一、三與五款所規定 IEP 的學生現有能力應包括的事項為：

1. 學生認知能力、溝通能力、行動能力、情緒、人際關係、感官功能、健康狀況、生活自理能力、國文、數學等學業能力之現況。

3.學生身心障礙狀況對其在普通班上課及生活之影響。

5.學生因行為問題影響學習者，其行政支援及處理方式。

　　針對上述第一款規定，IEP 中描述學生現有能力方面必須包括上述學生認知能力等十大要項，另外第三款與第五款的規定則是提供 IEP 中融合教育的法源，這些法令條文被視為 IEP 中有關學生現有能力水準描述的主要依據，教師或 IEP 團隊在擬定 IEP 時，大多會將此法令條文的規定融入在 IEP 中。

第二節

鑑定方法與工具

　　為了要擬出最適宜的 IEP 目標，首先就要利用有效的鑑定方法，將學生的起點能力與特殊需求找出來，通常這些資料可以透過正式評量與非正式評量來獲得，正式評量主要是利用測驗工具，非正式評量則利用家庭訪問、觀察、晤談等方式，來了解學生的程度與特殊教育需求。然而特殊兒童類別眾多，個別差異顯著，所能使用的測驗類別眾多，教師必須視情況加以選擇，或使用多元評量，本節所摘錄的鑑定方法與工具為通則，教師仍必須視個別狀況予以調整。以下就以中重度障礙、輕度障礙學生之特性來蒐集資料，以了解孩子起點行為之方式說明如下。

一、中重度障礙學生

　　通常各縣市教育局為特殊學生進行安置時，鑑輔會會以智力測驗與適應量表來為學生施測，該量表分數可以用來幫助老師了解孩子的程度，除非與孩子相處後發現，孩子的表現與測驗的結果有很大的落差，否則為節省時間可以不用再施測。而入班時，學生的殘障手冊上除了有註明孩子的殘障類別外，亦有殘障程度的敘述，這些都可以幫助教師了解孩子的起點行為。

　　但對於較為重度或多重障礙的孩子，智力測驗的結果通常是「無法施測」，下列幾種評量方式是可能找出這一類孩子的起點行為，有助 IEP 的撰

寫及教學的編擬，茲敘述如下：

(一) 生態評量

俗語說「山不轉路轉，路不轉人轉」，而生態評量（Ecological Inventory）的方法可以說是倒過來，即「人不轉路轉，路不轉山轉」，也就是說，我們無法從重障學生本身的智力測驗得到資料，我們就從他（她）所處的環境下手，方式是透過家庭訪問、田野調查、晤談或觀察等方式，把學生在平日與假日在家庭、學校和社區中的主要環境、次要環境、進行的活動內容找出來，並記錄下學生在這些環境中，從起床到睡覺之間進行活動的能力怎麼樣，如此一來便能找出學生的起點行為。表 5-2-1 是生態評量中一個時段的表格範例：

❖ 表 5-2-1　生態評量記錄範例 ❖

主要環境	次要環境	活動	大約時間	大事紀要	學生在活動中的主要表現（v完全會；△需要協助；×完全不會）
家庭	臥室	起床 刷牙 洗臉 穿戴衣物	7:00	◎起床 ◎整理棉被 ◎穿衣	（v）1. 會自己起床 （v）2. 會自動整理棉被 （△）3. 會自動刷牙、洗臉等梳洗工作 （v）4. 會自己穿戴衣物

上表中「會自己起床、會自動整理棉被、會自己穿戴衣物」等項目因為已經完全會（v），是屬於該生之優勢能力，可列為該生生活自理能力之起點能力，而「會自動刷牙、洗臉等梳洗工作」則是需要協助（△），是屬於該生之弱勢，是屬於該生的特殊教育需求部分，教師可將之視為未來編擬 IEP 目標的選項之一。有關生態評量 IEP 的設計在第十一章會有完整的敘述。

(二) 發展量表

發展量表（Developmental Scale）是根據孩子的發展年齡所展現在身體動作、溝通、認知、行為等的表現，所制定出來的評量表，教師可以把孩子的

能力對照量表上的常模年齡，即可把孩子能力所屬的年齡層找出來，以此作為起點行為的設計，相關的工具包括《學前嬰幼兒發展量表》、《學前發展性課程評量》及 Portage 等皆屬於此類之設計。

㈢適應行為量表

校標參照行為量表的功用，一方面以自己跟自己比，一方面也較能提供行為問題的指標及解決行為適應問題的提示，對重度及多障兒童能力的評估其意義存在，頗值得啟智班教師使用。目前國內較常使用的是《適應行為量表》（Adaptive Behavior Scale，簡稱 ABS）、《生活適應能力檢核手冊》，這些量表能夠提供孩子生活適應能力的評估參考。

㈣功能性評量

功能性評量的目的在分析行為或能力的相關變項，包括前因（Antecedent，簡稱 A）、行為（Behavior，簡稱 B），與後果（Consequences，簡稱 C），對了解學生的問題行為之起點能力有相當的效果存在。

具體而言，以上四種針對重障及多障兒童的評量方式可作為執行初步評估、復健及教學設計之用，有助了解中重度智障學生之起點能力，以作為編擬後續 IEP 目標之依據。

二、輕度障礙學生

輕度障礙學生通常安置於普通班，或以資源教室型態進行補救教學，近年來配合融合教育的趨勢，資源班不但在量上急速擴增，也有「質變」，也就是說，以前資源班是以招收學習障礙的學生為主，但近年來輕度智障、臨界智障和低成就的學生是資源班的主要學生，甚至只要認知能力不是太差，情緒障礙、過動症或自閉症的孩子也都可以進入資源班。通常資源班的學生來源先由普通班的教師推薦，推薦表可由資源班教師自編，透過訪談普通班教師來取得入班學生的可能基本資料。

　　資源班教學的內容除主要的語文與數學學科外，也可能包括人際溝通技巧訓練或知覺動作訓練，但通常仍以主要學科為主，國中則再加上英語科，也因此資源班 IEP 起點行為的了解大抵以針對這些科目。以下是資源班在找出孩子起點行為時較常使用的方式。

(一)智力測驗

　　資源班的學生有部分是由鑑輔會推薦而來，有些是透過校內的鑑定過程而來，因此，首先資源班教師可根據導師所推薦出來的學生實施智力測驗，以了解孩子的智力水準。通常《魏氏智力測驗—兒童版》（WISC-III）是資源班較常使用的測驗，因為此套測驗除了能提供作業量表、語文量表及全量表的智商分數外，也能提供語文理解、專心注意、知覺組織和處理速度等分測驗分數，有助教師了解孩子智力上的優勢與弱勢能力。但因為魏氏智力測驗施測的時間相當長，如所推薦的學生人數太多，太耗時耗力，因此如果人數過多，初步篩選時，可先用團體智力測驗來施測，例如使用《瑞文氏非語文測驗》、《簡易智力測驗》、《學校能力測驗》或《托尼非語文智力測驗》等。

(二)成就測驗

　　如前所述國小資源班是以國語、數學作為補救教學的主要領域，國中資源班可能還加上英文科之補救教學為重點，因此要了解孩子的國語、數學或英文之起點能力，即可用該學生所就讀年級之成就測驗作為施測的基準，以找出孩子在 IEP 中的起點行為。

(三)國語科、數學科錯誤型態分析表

　　錯誤型態分析表可以幫助教師進一步了解孩子的學習問題所在，資源班教師可以依據需要來編擬這些科目的錯誤型態分析表，再以學生的表現來編制未來資源班上課內容的重點。

(四)檢核表

　　檢核表或自編量表雖然未經標準化的過程，但能節省許多施測的時間，

況且標準化測驗（如智力測驗）往往需要受過專業的訓練，並不是每一位需要寫 IEP 的老師都是能勝任的。附錄二為「智障者功能檢核表範例」，可使用於智能障礙學生；附錄三為「國語文能力檢核表」，則較常使用於學習障礙及聽能障礙學生，應能有助於獲得學生國語文之起點能力。

㈤檔案評量

　　檔案評量（Porfolio）是有目的地蒐集學生學習表現的各種訊息，內容包括學生的作品分析、學習活動分析、實作評量、紀錄分析等，以了解學生在真實情境中的表現狀況。這種綜合身心障礙學生一段時間所表現的各種不同學習成果，可提供作為診斷及學習進展的評鑑檔案評量，具有呈現多元資料且是真實與他人互動結果的特色，但因為評量耗時，且易流於主觀，在使用時應謹慎考量。

㈥動態評量

　　動態評量是在評量時同時也在進行教學，學生可以在學習中產生知覺、思考、問題解決，所以是一種「評量—教學—再評量」的歷程。通常包含五個步驟，包括：(1)呈現問題；(2)學生解題；(3)評量者分析學生可能的思考問題；(4)評量者誘導學生解答問題；(5)計分（陳麗如，2006）。

㈦課程本位評量

　　課程本位評量係以工作分析與精熟測驗的學習原理，針對學生的學習內容進行評量（黃世鈺，1999）。舉凡教師平時自編施測的平常考、段考、月考、期中考與期末考等都屬於此一部分。

㈧篩選測驗切截分數

　　為了編擬資源班進行語文課或數學課的教學與 IEP 目標，利用語文課或數學的篩檢測驗可了解學生在此學科領域能力，尤其利用測驗本身所設定的切截分數，將能有效分出學生的起點能力，例如在 IEP 起點能力可敘述如表5-2-2：

❖ 表 5-2-2　利用測驗切截分數找出學生的起點能力 ❖

評量方式或工具	評量日期	評量者	結果摘要
中文年級認字量表	2004.02.20	許○○	原始分數：24 切截分（題）數：小二 35 低於切截分數
閱讀理解困難 篩選測驗 國民小學二、三年級	2004.04	許○○	原始分數：4 切截分（題）數：小二 9 低於切截分數
高頻字測驗 看注音寫國字	2004.05	許○○	原始分數：6 切截分（題）數：小二上 17 低於切截分數
基礎數學概念評量 二年級	2004.05	許○○	借位減法十位數為 1 十位數為 2 十位數為 6 低於切截分數

　　上述是有關啟智班及資源班在擬定 IEP 的第一步，要找出孩子起點行為時較常用到的評量方法與工具，但特殊兒童個別差異大，除了上述提到的方式外，也要視孩子的狀況再施以其他的工具，例如動作能力較差者，可再施以《拜瑞─布坦尼卡視覺動作─統整發展測驗》或《簡明知覺─動作測驗》，注音符號能力較差者，施以《注音聽寫測驗》或《注音認識測驗》。在家教育的多重障礙學生教學的重點常在於復健，在 IEP 中起點能力的獲得應該先由專業團隊進行評估，因此如能在開學後安排專業團隊診療，將有助老師編擬出有效的 IEP。除測驗工具的使用外，非正式的評量包括晤談與觀察，也是不可或缺的評估方式。表 5-2-3 是 IEP 起點能力的觀察寫法。

❖ 表 5-2-3　IEP 中觀察內容彙整 ❖

情緒／ 人際關係	■熱心助人	■活潑熱情	□文靜柔順	■人緣佳	■彬彬有禮
	□具領導能力	□獨立性強	■合群	□挫折容忍度高	□固執
	□沉默畏縮	□缺乏互動能力	□常被排斥	□不合群	□依賴心重
	□情緒不穩定	□常與人爭執	□出口成髒	□挫折容忍度低	□人緣差
	其他觀察紀錄：主動幫忙老師收同學作業，早上碰到老師同學會主動打招呼， 　　　　　　　道早安				
溝通能力	慣用溝通方式 ■口　　語（■國語□台語□客家語□原住民語言□其他＿＿＿＿＿） □非口語（□手語□讀唇□手勢□書寫□溝通板□其他＿＿＿＿＿） □說話流暢　　　　　　□肢體豐富　　　□表情豐富　　　□理解指令 □有聽覺接收之困難　　□無法理解指令　□以哭鬧表達需求　■詞彙缺乏 □以不當動作表達需求　■口齒不清　　　■聲調混淆　　　□畏懼與人溝通 其他觀察紀錄：無法聽辨ㄓㄔㄕㄖ等捲舌音，四聲與二聲混淆使用				

　　在此一階段的最後，教師應根據所得到的有關孩子起點行為的資料，作一綜合性的分析，向度可包括生活自理能力、知覺動作能力、基本學科能力及社會情緒能力等，並且對孩子目前能力之優弱勢作分析，再召開IEP會議，召集家長、行政人員、專業人員或學者專家共同參與，就評量結果進行討論，並整理綜合分析研判之結果及建議。

第三節

起點能力撰寫要點與實例

　　在撰寫 IEP 中學生現有能力水準與特殊需求時，應由正式與非正式的評量資料作為基礎（李翠玲，2005a），以下針對此一階段的敘寫方式分為撰寫要點、範例描述、優勢弱勢描述，及參與普通班評估描述等敘述如下：

一、撰寫要點與範例

Gibb 和 Dyches（2000）認為，要寫學生 IEP 中的現有能力水準內容，必須掌握三個要點：

要點一：陳述學生障礙情況如何影響學生參與普通班課程與妨礙學生的進步情形。

要點二：敘述學生的障礙程度造成在各個技能領域之表現水準。

要點三：學生優勢與弱勢能力的陳述應具備「邏輯線索」（logic cues）的性質，以有利下一步 IEP 目標的撰寫。

根據上述要點，茲以小華為例說明其在 IEP 中現有能力水準表現的敘述如下：

小華是四年級學生，他無法達到班上閱讀的水準，他能在兩分鐘內用口語正確地讀出二年級水準的 95/100 的字詞，及三年級水準的 40/100 的字詞。他的閱讀理解能力是正確回答二年級水準閱讀測驗題目達 4/5，及三年級水準的 0/5。

上述小華現有能力水準的描述對照前述的三個要點，檢核如下：

要點一：陳述學生障礙情況如何影響學生參與普通班課程與妨礙學生的進步情形

小華的能力的敘述，符合要點一的是：「小華是四年級學生，他無法達到班上閱讀的水準」。

要點二：敘述學生的障礙程度造成在各個技能領域之表現水準

小華符合要點二的技能可分為閱讀流暢能力與閱讀理解兩種能力：

技能領域：閱讀流暢

他能在兩分鐘內用口語正確地讀出二年級水準的 95/100 的字，及
三年級水準的 40/100

技能領域：閱讀理解

他的閱讀理解能力是正確回答二年級水準閱讀測驗題目達 4/5，及
三年級水準的 0/5

要點三：學生優勢與弱勢能力的陳述應具備「邏輯線索」的性質，以有利下一步 IEP 目標的撰寫

分析小華情況發現小華是四年級學生，大部分四年級學生大概可以每分鐘唸出 100-150 個字詞，從小華現有能力敘述可以發現小華是低於這個水準，他也無法正確回答問題，這些線索指出小華需要的 IEP 目標是增進這兩領域能力，到時候寫 IEP 目標時，就不能遺漏有關閱讀理解與閱讀流暢的領域目標。

由以上的檢核可以發現在起點能力描述的內涵上，小華現有能力表現水準的敘述是符合上述三個要點。此外，Bateman 與 Linden（2006）指出在弱勢（特殊需求）的內容呈現後，應針對其內容提供進一步服務才有意義，倘若一位學生的特殊需求為「一對一無干擾的教學環境」，此時 IEP 團隊就應開始考量如何提供此項服務。

除上述 Gibb 和 Dyches（2000）所提的三個要點外，文字敘述的方式與教學的連結也是相當重要，要點四、五與六是相關的內容。

要點四：盡量使用正向表述敘述學生能力水準

特殊學生能力普遍低於一般學生，尤其對重度學生而言，智力測驗或成就測驗施測結果普遍不佳，如果不設法著眼於發展學生的優勢能力，很可能使得學生在 IEP 中起點能力部分充滿諸如「不能」、「不行」等負面的字眼，充其量只可能導引出補救教學的目標，而不具積極面目標，因此盡量使用正面的詞句來描述學生現有能力水準，是撰寫 IEP 時相當必要的態度。

Peter（2000）曾從 IEP 去探討一位盲兼智能不足的個案（貝利），在其

研究中，貝利的 IEP 檔案裡現有表現水準記錄為：「貝利是智能不足，不能學習。」與「貝利有情緒障礙或行為問題。」這些描述是老師根據貝利的智力測驗結果與觀察紀錄推論而成，當貝利被測驗測出來是智能不足時，就被判定無法學習，這裡印證了 Oliver（1990）所稱的「缺陷模式」所造成的後遺症，以致影響老師觀察學生時的期待。然而事實卻證明，貝利在他待在教養院 15 年後，開始被帶到學校就讀，學校環境使他放鬆心情，也使他的學習有了進展，他使用點字的程度原本是停滯的，換了環境之後，開始進步，最後學會使用點字。可見由於貝利的「智能不足」標記效應，被視為不能學習，沒有學校願意收他，而白白耽誤了 15 年學習的時間。另外，因為老師觀察他有自傷行為而記錄他為情緒障礙，然而事實上，貝利情緒發作時大多是在環境突然改變時，這就表示貝利有可能因為感受到被家人拋棄，感到憂鬱，以自傷來發洩情緒。因此，Peter（2000）建議記錄特殊學生的檔案（例如 IEP）應盡量用正向紀錄，而非負向敘述。

要點五：起點能力陳述應該盡量具體與量化，以有利 IEP 目標的評量

Bateman 與 Linden（2006）指出，因為每一個 IEP 目標必須是要能評量，才能知道學生進步情形，因此學生現有能力水準的敘述就變成是 IEP 之旅的「啟程」，其內容也必然要量化，否則學生進步的情形就無法測量出來。也就是說，愈具體與愈量化的能力現況敘述就愈能導向有效能的 IEP 目標，以利測量。如果現況描述使用「良好」、「尚可」、「輕微」或「嚴重」等字眼，將難以評量將來學生進步的情形。表 5-3-1 是針對國內老師在撰寫 IEP 時，學生現有能力水準描述有關「量化」方面的偵錯與修正建議示例。

要點六：有層次性的教學策略，可視為描述 IEP 現有能力水準與不同階段之目標

當學生現有能力描述完成後，下一步是制訂目標與實施教學，此時必須使用有效的教學方法或策略，如果所使用的教學方法或策略本身具有層次性或階段性質，就可以在撰寫學生現有能力時埋下學生屬於何種「層次」伏筆，

❖ 表 5-3-1　學生現有能力水準描述偵錯與修正建議示例 ❖

錯誤型態	IEP 現況敘述	偵錯與修訂建議
描述不夠具體明確	能力現況描述為： 1. 認知能力：「尚可」 2.……	◎ 使用「尚可」之字眼不夠具體明確。 ◎ 1. 認知能力：「尚可」可改為： 　「認知能力：有 1-5 的數字概念」或 　「會寫自己的名字」等……。
描述不夠具體明確	學生特性及現在能力為： 1. 咬字不清 2.……	◎ 學生起點能力描述不夠詳細、具體。 ◎「咬字不清」之敘述，可改為「說話 　時『×音』與『×音』混淆」……

資料來源：李翠玲（2006：4）

以供在目標階段時撰寫高一層次的內容。例如，許多文獻證明圖片兌換溝通系統（Picture Exchange Communication System，簡稱 PECS）對自閉症兒童有效（曾麗美、胡靜怡、黃敏秀，2005；Siegel, 2000; Yamall, 2000）。因此如果班上有自閉症兒童，或學生的溝通能力需要加強時，則可考慮使用 PECS 來教學（李翠玲，2005b），而 PECS 的六階段論內容如下：

階段一：教學生以一張照片來交換一個想要的物品。

階段二：教學生從一塊溝通本上挑選並取下他所要物品的照片，然後將此照片交給老師。

階段三：當學生喜歡的東西的照片與他不喜歡的東西的照片並列在一起時，教學生選出他喜愛東西的照片來。

階段四：教學生以「我要……」的字詞來造句。

階段五：當學生被問「你想要什麼？」時，教學生自己造句。

階段六：教師引進「你看到什麼？」「你有什麼？」及其他類似的問題。

　　例如，小馬是一位自閉症四歲男童，該班有一半的學生不具功能性溝通能力，老師便決定使用 PECS 作為主要的班級教學策略，根據觀察紀錄（見表 5-3-2），小馬在溝通技能的現有能力水準是在 PECS 的第二階段，因此將來他的 IEP 目標就可以往第三階段設計，第三階段達成後就可以往第四階段設計，直到第六階段為止。

❖ 表 5-3-2　小馬之觀察紀錄與能力分析 ❖

觀察紀錄摘要	現有能力分析
◎ 1.老師將PECS溝通本給小馬，他自溝通本面板上拿下黏住的「餅乾」圖卡，交給老師，老師將餅乾剝一小片放在他盤中，他拿起來盤中的餅乾放入口中吃掉。 2.小馬拿起「飲料」圖卡向老師要果汁喝，老師倒果汁於他的杯中，他喝掉，喝完拍手。	◎小馬的能力表現在PECS的第二階段〔擴展的自發（Expanding Spontaneity）〕。

二、優勢弱勢能力描述

在IEP中的起點能力描述部分，如果按照《特殊教育法施行細則》規定，就有學生認知能力、溝通能力、行動能力、情緒、人際關係、感官功能、健康狀況、生活自理能力、國文、數學等學業能力之現況等十大項內容，為了聚焦的效果，可再將此十大要項內容作一統整，以學生優勢與弱勢呈現，以利下一階段IEP目標之撰寫。有些IEP則是用「需求」取代「弱勢」的名稱。

站在全人的觀點，學生的優勢與弱勢能力應該都要寫，即使學生的障礙程度嚴重，仍要「從好的角度」來看學生，以找出學生的優勢與潛力。例如小明是一位國小聽障學生，他在IEP的優弱勢能力綜合如下：

❖ 表 5-3-3　小明 IEP 之優弱勢能力綜合分析 ❖

優勢	弱勢
◎小明是一個乖巧的小孩 ◎溝通：能聽從老師指令，肯使用口語溝通 ◎情緒：情緒穩定，和同儕相處和諧，並樂於幫助其他同學，熱心服務 ◎生活自理：愛乾淨，能用筷子與湯匙吃午餐，餐後會自行清理桌面 ◎行動：能獨立在校園行走	◎溝通：注音符號結合韻發音含糊，二聲與四聲發聲不易讓聽者辨別出來 ◎感官：聽力缺損，常常忘記配戴助聽器

三、評估參與普通班可能性描述

　　我國《特殊教育法施行細則》規定 IEP 中要寫下「學生身心障礙狀況對其在普通班上課及生活之影響」，以下範例為一所國小普通班一位自閉症學生 IEP 的這一部分敘述（阿寶的天空 http://www.boe.chc.edu.tw/boepage/），這樣的設計是為了融合教育作準備，因此當認定對上課及生活「有影響」時，就要說明課程調整的方法（見表 5-3-4）：

❖ 表 5-3-4　IEP 中障礙狀況對其上課及生活之影響及調整範例 ❖

內容	在普通班上課之影響		對生活之影響	
	無影響（請✓）	有影響（請說明調整方式）	無影響（請✓）	有影響（請說明調整方式）
1.認知能力		利用文字及圖卡配合協助學習		利用同儕、老師課餘時間加強
2.溝通能力		利用簡單的單字和句子來表達自己的意見		利用簡單的單字和句子來表達自己的意見
3.行動能力	✓		✓	
4.情緒		利用簡單文字及表達自己的情緒		利用簡單文字表達自己的情緒
5.感官功能	✓		✓	
6.生活自理	✓		✓	
7.語文能力		將文字詞句與圖片結合，並提供實際環境作為練習機會		利用文字及圖卡來表達自己的需求和同儕溝通
8.數學能力		增加課後個別輔導時間		增加課後個別輔導時間

資料來源：阿寶的天空（http://www.boe.chc.edu.tw/boepage/）

特殊教育法令亦規定 IEP 應敘述「學生因行為問題影響學習者，其行政支援及處理方式」，其敘述方式可以參考表 5-3-5 的例子。

❖ 表 5-3-5　學生行為問題之行政支援及處理方式在 IEP 中之敘述 ❖

問題行為描述	學校行政支援及處理方式	日期	負責人
上課不專心，會搖晃桌子，不時碰觸鄰座同學，干擾同學上課，會突然尖叫跑出教室	1. 開學兩週先安排其特教班導師隨學生入普通班支持性就學 2. 先安排體育課融合，情況良好，再安排教室內之藝能科目 3. 支持性教學效果良好，則其導師兩週後退出，由助理老師隨學生入普通班協助	94/09/09 | 95/01/20	教務主任 特教班老師

總 結

　　撰寫學生現有能力表現水準與特殊需求是撰寫 IEP 專業的第一階段，此一階段的內容關係著 IEP 過程的後續發展，IEP 目標是否能「對症下藥」，就必須靠老師（IEP 團隊）在第一階段的專業（施測與觀察）與用心（努力找出學生的潛力）。因此，在這一階段的 IEP 撰寫歷程中，必須謹慎評估學生能力，並以正式評量工具和非正式評量方式呈現出客觀、量化、具體、正向與具邏輯線索性質的敘述，正確找出學生的現有能力水準與特殊教育需求，而成為有效 IEP 之旅的起點。

Q&A

（D）1. IEP 的「能力現況」項目，不包括學生哪些能力之描述？

　　　⑷認知、溝通、行動能力

　　　⑻學業能力現況

(C)生活自理能力

(D)家庭經濟狀況

（B）2. 綜合身心障礙學生一段時間所表現的各種不同的學習成果，可提供作為診斷及學習進展的評鑑，這是屬於下列何種評量方式？

(A)實作評量

(B)檔案評量

(C)動態評量

(D)生態評量

（95 年度教師資格檢定考題）

（A）3. 下列是一些有關個別化教育計畫現況能力分析、長期教育目標、短期教學目標設計的說明，哪一項較不適當？

(A)現況能力是指學生目前在某些學習領域或能力發展上最弱的表現

(B)學年教育目標亦即教育目標，通常強調概括性學習目標的敘述

(C)長期教育目標可用以檢驗學生各項學習需求是否獲得滿足

(D)短期教學目標是在長期教育目標指引下所細分而成的教學輔導依據

（95 年度教師資格檢定考題）

參考文獻

李翠玲（2005a）。**特殊教育教學設計**（初版六刷）。台北市：心理。

李翠玲（2005b）。圖片兌換溝通系統（PECS）融入教學與 IEP 之設計。**花蓮特教**，**34**，21-27。

李翠玲（2006）。**啟智班個別化教育計畫內容偵錯與修正分析研究**。論文發表於國立台東大學特殊教育中心所舉辦之「95 年度東台灣特殊教育」學術研討會，台東縣。

胡永崇（2003）。個別化教育計畫的困境與檢討：接受問卷調查的啟智班教師之書面陳述意見分析。**屏東師院學報**，**18**，81-120。

曾麗美、胡靜怡、黃敏秀（2005）。PECS教學對無口語重度自閉症兒童自發

性溝通行為之成效。**93 年度教育部獎勵特殊教育研究著作**，218。

陳麗如（2006）。**特殊學生鑑定與評量（第二版）**。台北市：心理。

Bateman, B. D., & Linden, M. A. (2006). *Better IEPs* (4th ed.). Verona, WI: Attainment Co.

Gartin, B. C., & Murdick, N. L. (2005). IDEA 2004: The IEP. *Remedial and Special Education, 26*(6), 327-331.

Gibb, G. S., & Dyches, T. T. (2000). *Guide to writing quality Individualized Education Programs.* Boston, MA: Allyn & Bacon.

Heward, W. L. (2000). *Exceptional children: An introduction to special education.* Columbus: Merrill.

Huefner, D. S. (2000). The risks and opportunities of IEP requirements under IDEA '97. *The Journal of Special Education, 33,* 195-204.

Johns, B. H., Crowley, E. P., & Guetzloe, E. (2002). Planning the IEP for students with emotional and behavioral disorders. *Focus on Exceptional Children, 34*(9), 12.

Oliver, M. (1990). *The politics of disablement: A sociological approach.* New York: St. Martin's Press.

Peter, D. (2000). Dynamics of discourse: A case study illuminating power relations in mental retardation. *Mental Retardation, 38*(4), 354-362.

Siegel, B. (2000). Behavioral and educational treatments for autism spectrum disorders. *The Advocate, 33,* 22-25.

Yamall, P. (2000). Current interventions in autism-a brief analysis. *The Advocate, 33,* 25-27.

第六章

ＩＥＰ目標之撰寫（一）

　　個別化教育計畫（簡稱 IEP）是特殊教育的奠基石（Yell & Robinson, 2001），大多數國家都是透過 IEP 的實施來確保特殊教育的品質，我國也不例外。在 IEP 過程中，唯有透過每一個清楚量化的 IEP 目標，才能使學生進步情況透明地被評量與報告出來，因此如果沒有清楚量化的目標當指標，IEP 就會變成一無是處（Bateman & Linden, 2006）。IEP 的目標既然如此重要，在撰寫時就應抱持謹慎的態度，用符合 IEP 相關法令規定與能發揮目標功能的相關要點來寫。本章即透過台灣、美國法令所規定與實務所需的 IEP 目標呈現其撰寫要點，並透過範例，期能提供撰寫 IEP 目標的方向，以助提升 IEP 的實施。本章主要針對 IEP 長期目標的敘寫要點提供說明與範例，短期目標的撰寫則於第七章敘述。

第一節

法令規定

　　撰寫 IEP 目標是一件專業的任務，要擬出可行與適當的目標並非易事，因此，法令層面對 IEP 目標的規定愈具體，愈可能使老師撰寫時有方向可遵循。以下是美國《IDEA '97》與《IDEA 2004》的法案對 IEP 目標的規定，同時也附上我國法令對 IEP 目標的規定內容供比對。

一、美國

有關美國法令對 IEP 目標的規定與說明，最近的法令是《IDEA '97》及《IDEA 2004》兩法案，均反映出當時的潮流，茲說明如下：

(一) IDEA '97

美國 1997 年所頒布的《IDEA '97》法案對長期（年度）目標的規定如下：
1. 必須要能評量。
2. 必須讓學生能在一年的期限內合理地達成目標。
3. 必須要能幫助學生在普通課程中成功並強調其教育需求是由障礙所致。
4. 必須是透過階段目標或短期目標來完成。

《IDEA '97》對短期目標的寫法並沒有明確規定，只強調詳細的、可測量的年度目標必須伴隨短期目標（或階段目標），這些短期目標必須根據學生現有能力表現水準的領域逐一撰寫。

(二) IDEA 2004

在 2004 年修訂的法案作了較大改變，該法案移除 IEP 年度目標必須伴隨短期目標的規定，同時將原來的「年度目標」（annual goals）改為「學科與功能目標」（academic and functional goals），這樣的改變具有兩個立法的目的：(1)減少老師的文書工作；(2)再一次強調學科的課程焦點，也就是配合美國目前通過的「沒有學生落後」（No Child Left Behind，簡稱 NCLB）法案。但這樣的改變使有些人覺得沒有了短期目標，目標的個別化也消失了（Gartin & Murdick, 2005）；Smith（2005）也指出，這樣的改變是希望對適性的教育計畫不要有不良的衝擊，而確實減少老師的文書工作。顯然學者仍然擔心刪除短期目標之後法令所帶來的負面效應。

二、我國

我國有關 IEP 目標的規定見於《特殊教育法施行細則》第 18 條第六款：

個別化教育計畫要包括

「六、學年教育目標及學期教育目標」

林素貞（1999）認為，這樣的規定應是基於美國「障礙之個體的教育法案」《IDEA '97》的精神，強調長期目標的可評量性，以及如何適合個體獨特之需求，而不再過分強調敘述繁瑣的短期目標。

第二節

各種目標定義

特殊教育常被視為國家現代化的一種象徵，而現代化的特色之一是目標導向的設計，常見的各種目標敘述如下：

一、教學上目標

1. 教學目標：教師教學所欲傳達給學生內容之方向。
2. 行為目標：單一且具體的行為或動作，是教學具體化的解釋，通常在教案中會將一個教學目標分為數個行為目標。
3. 基本能力指標：指九年一貫課程各年級階段所欲達成的課程內容方向。

以上目標是以老師為中心來寫，大多出現在教案中，啟智班的教案常用教學目標與行為目標方式寫，資源班教案是使用普通班課程，通常會用基本能力指標當成老師教學的目標。

二、IEP 上目標

(一)概念定義

1. 長期目標（Long-term Goals）：較長時間來學習之方向及重點。
2. 短期目標（Short-term Objectives）：達到長期目標之階段性具體表現。

　　長期目標與短期目標有時候也有人會使用長程目標與短程目標來取代，兩者中間也可以加上中期（程）目標來表示 IEP 目標不同的階段別。

(二)法令定義

1. 年度目標（Annual Goals）：指學生在一年內能達成的目標估計值，美國 IEP 之長期目標通常採用年度為長期目標基準，其起迄期限是以學生的出生月日為年度目標的日期，例如約翰的生日是 2000 年 1 月 5 日，那他 2006 年的 IEP 年度目標期限就是 2006 年 1 月 5 日到 2007 年的 1 月 5 日左右。
2. 短期目標（Short-term Goals、Benchmarks）：在年度目標制訂出來後，再將之劃分為兩個以上（通常是三個）短期目標，在每一短期目標階段結束時，評量其結果，直到其達成年度目標為止。
3. 學科與功能性目標（Academic and Functional Goals）：在《IDEA 2004》法案中取代年度目標，強調學科與功能性的課程焦點。

　　美國特殊學生 IEP 目標根據該國法令要求，主要使用年度目標與短期目標（通常是四個月為一階段）為 IEP 目標期限。

(三)台灣法令與實際使用

1. 學年目標：是指學生在一個學年內（例如民國 94 年 9 月 1 日至 95 年 6 月 30 日）可以達成之目標。
2. 學期目標：是指學生在一個學期內（例如民國 94 年 9 月 1 日至 95 年 1 月

30 日或 95 年 2 月 1 日至 95 年 6 月 30 日）可以達成之目標。

　　根據我國《特殊教育法》及其施行細則規定，我國特殊學生 IEP 目標是採用學年目標與學期目標比較多，因此我國在寫 IEP 時，常使用的目標期限是學年目標與學期目標，有時加上月目標或週目標以實施形成性評量。就以階段時間來比喻，學年目標較接近長期目標性質，學期目標介於長期與短期目標之間，比較接近中期目標性質，而月目標或週目標就比較接近短期目標。但有時會視情況省略週目標與月目標的評量，直接將學期目標視為短期目標，但一整學年只在兩個學期末評量，一年僅有兩次評量，可能難以適時了解學生狀況，以便調整目標與教學方向，因此考慮使用這種方式時，似應更謹慎考量。

　　基於 IEP 目標與教學目標易於混為一談，蘇芳柳（2001）就認為學年與學期目標乃是在開學一個月之內，與每日教學活動之教學目標應加以區隔，教學目標部分是以老師為主體，IEP 的學年目標與學期目標是以學生為主體，表 6-2-1 是兩者異同。

❖ 表 6-2-1　IEP 目標與教學目標之異同 ❖

項目	IEP 目標	各科教學目標
擬定時間	開學一個月內	開學初
主體	身障學生之學習	教師之教學
時限	一（學）年、一學期	一學期
範圍	學生接受學校教育所需能力	教師教導之科目分科敘寫
內容	學生應達之能力	學生學期教育目標
撰寫依據	學生能力評估之結果	學生之學期教育目標
應用	教師據以擬定教學計畫	教師按進度教學與評量

資料來源：蘇芳柳（2001：27）

　　蘇芳柳（2001）也指出，上表最後二項是 IEP 之學年與學期教育目標，乃是各科教師擬定各該科之參考依據，二者之關係為從屬關係。也就是強調 IEP 目標是高於教學目標，IEP 應該是領導教學，而不是教學領導 IEP。

第三節
長期目標撰寫要點與範例

　　既然 IEP 目標是高於教學目標之上，可見其重要性，因此撰寫 IEP 目標時更應該謹慎行之，這樣才能有利教學規劃，以便提供給學生適性教育。《IDEA '97》對長期目標有其一定的規定，且常被當成撰寫長期目標的要點，以下就以法令對長期目標的規定，並綜合各家建議（Bateman & Linden, 2006; Gibb & Dyches, 2000）與實務上的情形，以小華為例說明長期目標撰寫的要點如下：

　　小華之現有表現能力水準描述為：

　　「小華是四年級學生，他無法達到班上閱讀的水準，他能在兩分鐘內用口語正確地讀出二年級水準的 95/100 的字，及三年級水準的 40/100。他的閱讀理解能力是正確回答二年級水準閱讀測驗題目達 4/5，及三年級水準的 0/5。」

　　根據小華的現有能力與需求，IEP 團隊為小華所設計的年度目標是：

　　閱讀流暢領域：

　　小華每分鐘閱讀流暢速度能增加到三年級水準的 100/100 字。

　　以上為小華所安排的目標是否合乎長期目標的要點？茲逐一檢核如下：

要點一：必須要能評量

　⬚是　否　小華每分鐘閱讀流暢速度能增加到三年級水準的 100/100 字。

　　該年度目標可以用「每分鐘、增加、三年級、100/100 字」為標準來測，所以是量化的。

要點二：必須讓學生能在一（學）年的期限內合理地達成目標

是　否　小華每分鐘閱讀流暢速度能增加到三年級水準的100/100字。

　　小華目前已經能達到三年級水準的40/100，根據去年他進步的情形判斷，在未來一年小華能使他的閱讀速度進步到「三年級、100/100個字」。

要點三：必須要能幫助學生在普通課程中成功並強調其教育需求是由於障礙所致

是　否　小華每分鐘閱讀流暢速度能增加到三年級水準的100/100字。

　　這樣的目標強調要利用普通班有效的閱讀教材使小華能成功地、流暢地閱讀，而閱讀流暢的缺損即是他在現有之主要障礙，所以目標是對準此來設計。

要點四：必須是透過階段目標或短期目標來完成

是　否　1.小華在兩次的考試中其每分鐘閱讀流暢速度達二年級水準的100/100字，且錯誤不超過5個字。

　　　　2.小華在兩次的考試中其每分鐘閱讀流暢速度達三年級水準的100/100字，且錯誤不超過5個字。

　　IEP團隊為小華設計以上兩個短期目標，以求逐步完成其年度目標，這樣的設計是符合要點四。

要點五：必須是在實際環境能評量的目標

　　IEP的目標強調要能評量，但評量的方式必須要實際可行，否則目標將成為空談。Bateman（1996）就列出實際與非實際的年度目標供老師撰寫IEP目標時參考（見表6-3-1）。

　　表6-3-1的例子指出，使用百分比方式作為IEP目標的量化方式並非適用所有目標的評量，生活技能及職業技能的目標評量不見得適用百分比，可能要以次數、時間長短，或其他具體可行方式作為評量IEP目標的標準。例如：「能開教室的門達80%」的目標不如改為「能在5次開門中4次通過」較為明確可行。

❖ 表 6-3-1　可行與不可行年度目標對照表 ❖

實際可行年度目標	非實際可行年度目標
喬今年無故缺席的次數少於 5 次	喬在校表現良好達 80%
莎拉將會定期參與每週的課外活動	莎拉對她的休閒時間做出明智的抉擇
馬克將會維持普通班的成績在平均 C+	馬克將在普通班成功機會達 75%
貝絲將會通過體適能測驗	貝絲將會表現出適合她程度的體適能

資料來源：Bateman (1996: 75)

要點六：必須是適齡的目標

　　IEP 是以學生為中心以保障其接受適性教育所設計，因此「適齡」的原則也是在撰寫 IEP 目標時應該考量的重點。例如，青春期的學生其 IEP 就可考慮編擬有關「性」相關之目標，因為月經的來臨、性衝動等等生理的自然反應，是學生馬上要面對與處理的。

　　以上所提到六個撰寫 IEP 目標的要點，主要是考量目標要被評量，以便掌握學生的進步狀況，因此愈是具體、量化與能在實際情境評量的目標，愈能幫助 IEP 團隊了解 IEP 目標達成情形。然而長期目標的期限比較長，直到最後再來評量可能錯失及時修正目標的良機，為了方便掌握學生一段時間的表現，可就長期目標加以分為數個短期目標。

第四節

段分長期目標為短期目標方法

　　將長期目標段分為兩個以上的短期目標必須注意目標間的層次性，各個短期目標間的難度盡量要有層次之分，由易而難，一個完成後，再往更難一點的目標進行，其方法可分為下列幾種：

一、工作分析法

通常工作分析的方法可以當作段分長期目標為短期目標的方法之一，例如長期目標「會洗手」可分為下面五個步驟：

1. 會開關水龍頭
2. 會用清水洗手
3. 會用肥皂洗手
4. 洗手後會用毛巾／手帕擦乾
5. 會在固定時間／必要時洗手

上述「會洗手」的工作分析步驟，再加上所需的情境與標準，就可以轉換為學生 IEP 之短期目標。例如，「會開關水龍頭」加上「洗手間」的情境，與「五次中有四次通過」的標準，就可以變成短期目標為「會在洗手間開關水龍頭之正確率達 4/5 次」。

下列是將長期目標分化為短期目標的例子，方法上比較接近工作分析與由易而難的原則，強調依序漸進，通常技能的項目比較常用到這種方式。教師在撰寫 IEP 目標時，可將之視為分解長期目標為短期目標的基礎，再視需要加上情境與標準，就可轉換為 IEP 短期目標：

1. 能增進錢幣之使用
   - 能指出一元、五元、十元之硬幣
   - 能拿五塊錢買鉛筆
   - 能到福利社買文具和食品
2. 能建立日期之概念
   - 能知道今天是幾月幾日
   - 能說出自己的生日是哪一天
   - 能指出兒童節是哪一天
3. 能增進用電安全
   - 能認識插座、插頭及延長線

- 能在用完吹風機後將插頭拔下
- 能知道不能用濕的手接觸插座、插頭

4. 能增進自我概念
- 能說出自己的姓名
- 能指認自己的五官
- 能知道自己的性別

5. 能選穿合適的衣著
- 能知道在夏天選穿短褲、短袖、裙子等涼快的衣服
- 能知道在冬天選穿毛料等保暖的服飾
- 能依規定穿著制服上學

6. 能遵守教室常規
- 能在上課鈴響五分鐘內進教室
- 能坐在教室座位上一節課
- 能安靜聽課不吵鬧

二、改變行為、情境或標準

　　行為、情境、標準三者是決定短期目標是否確實可行的要素，因此，也可以就此三要素加以改變其程度而使之變為層次性，即可當成短期目標。例如，阿福是一位自閉症五歲男童，他現在的溝通方式主要仰賴圖片遵循教師的指令，在他新一年的 IEP 目標設計中，教師是透過改變提示行為的三種不同難度，來將長期目標段分為三個短期目標（見表 6-4-1）。

　　以下的例子是改變評量的標準，靠是透過變動評量日期方式來段分長期目標：

- 起點能力：小美每個月平均無故缺席 10 天
- 長期目標：4 月至 6 月小美無故缺席的次數平均每個月降為 1 天
- 短期目標一：2 月 1 日前，小美無故缺席的次數平均每個月降為 5 天
- 短期目標二：4 月 1 日前，小美無故缺席的次數平均每個月降為 2 天
- 短期目標三：6 月 1 日前，小美無故缺席的次數平均每個月降為 1 天

❖ 表 6-4-1　阿福 2003 年的 IEP 目標規劃範例 ❖

領域	起迄時間	基線期能力	年度目標	短期目標	標準
語言理解（4）	2003.1.6-2003.4.6 2003.4.6-2003.8.6 2003.8.6-2004.1.6	使用圖片遵循一些作息的指令	阿福能在班級活動中對不同的單一指令做出反應	當給予圖片提示時，阿福能用口語針對班級指令做出反應	80%時間在作息及非作息活動
				當給予姿勢提示時，阿福能對班級指令做出反應	80%時間在作息的活動
				當只給予口頭輸入時，阿福能對班級指令做出反應	80%時間在作息的活動

總結

　　本章就 IEP 長期目標的寫法，與將長期目標分為短期目標的作法，從法令層面到實務運作提出要點與說明，使教師在撰寫 IEP 時，能作為編擬學生 IEP 目標的依據，讓特殊學生能透過有品質的 IEP 目標，達到進步最大的幅度，創造最大效能。下一章則延續 IEP 目標的寫法，針對短期目標提出撰寫要點與實例說明，並針對國內教師常犯的 IEP 目標寫法問題提出偵錯與修正建議。

Q&A

（D）*1.* 擬定個別化教育計畫，有關學年目標之敘述，下列何者不正確？

　　　⒜學年目標包含學期目標與相關專業服務目標

　　　⒝學年目標是個預估的目標

　　　⒞學年目標是以現階段的能力為基準

⒟學年目標的起迄時間是每年 9 月至 1 月

（ B ）2. 下列哪一項是錯的？

⒜ IEP 要包括學年目標與學期目標

⒝ IEP 的評量是 IEP 常模參照評量

⒞ IEP 是以專業團隊合作方式擬定

⒟《特殊教育法》規定學校要在開學後一個月內訂定 IEP

（ B ）3. 志和是一名腦性麻痺的國中學生，沒有口語功能，但是在表達時會發出不清晰的聲音。對於他個別化教育計畫的長期目標，下列哪一項最適當？

⒜能清楚發音

⒝能利用溝通輔具和他人溝通

⒞能使用一般鍵盤及滑鼠操作電腦

⒟能完成國文作業

（95 年度教師資格檢定考題）

（ C ）4. 自強為某高中綜合職能科高二學生。參加校外實作課程常常表現漫不經心，遲到早退，不聽從輔導員的指導而發生意外。考量自強的生涯發展，下列哪一項個別化教育計畫學年目標應該優先考量？

⒜提升職場工作技能

⒝加強人際溝通能力

⒞培養適當工作態度

⒟熟記職場安全手則

（95 年度教師資格檢定考題）

5. 撰寫 IEP 長期目標的要點為何？

參考文獻

林素貞（1999）。**如何擬訂「個別化教育計畫」**。台北市：心理。

蘇芳柳（2001）。個別化教育計畫內容。載於張蓓莉、蔡明富主編量生訂

作——**IEP 的理念與落實**（頁 15-34）。國立台灣師範大學特殊教育中心，台北市。

Bateman, B. D. (1996). *Better IEPs* (2nd ed.). Longmont, CO: Sopris West.

Bateman, B. D., & Linden, M. A. (2006). *Better IEPs* (4th ed.). Verona, WI: Attainment Co.

Gartin, B. C., & Murdick, N. L. (2005). IDEA 2004: The IEP. *Remedial and Special Education, 26*(6), 327-331.

Gibb, G. S., & Dyches, T. T. (2000). *Guide to writing quality Individualized Education Programs.* Boston, MA: Allyn & Bacon.

Smith, T. E. C. (2005). IDEA 2004: Another round in the reauthorization process. *Remedial and Special Education, 26*(6), 314-319.

Yell, E. D., & Robinson,T. R. (2001). Developing legally correct and educationally appropriate IEPs. *Remedial and Special Education, 22*(6), 359-373.

第七章

IEP目標之撰寫（二）

　　IEP 目標可依據實施的期限細分為不同階段的短期目標，就短期目標的作用而言，是為了提供長期目標的最終評量之用，就像是為了到達頂樓，必須拾級而上，一步一腳印往上爬，因此短期目標必須依據長期目標而來，其撰寫方式必須有效才能讓長期目標可以評量，所以其寫法必須遵從專業的規定。本章延續前一章，首先針對短期目標的撰寫要點提出說明與範例，最後針對 IEP 目標常出現的問題提出偵錯與修正建議。

第一節
短期目標撰寫要點與範例

　　以美國而言，在其最新的法令《IDEA 2004》已經不再硬性要求，必須為所有特殊學生在 IEP 中寫出短期目標，但基於短期目標是長期目標的細目或具體表現，短期目標在某些情況下仍有其功能。Gibb 和 Dyches（2000）就認為短期目標非常重要，它們可以變成班級教學的基礎，並提供評量學生進步的資料。短期目標可以提供每日所要達到的基本學習方針，此種方法是否有效，及全部的特殊教育方案是否有價值（林貴美，1996）。以下就短期目標撰寫的要點說明如下。

Gibb 和 Dyches（2000）認為，一個好的短期目標必須符合三個步驟：

1. 必須是可以觀察與評量的行為。
2. 必須解釋行為發生在什麼樣的情境。
3. 必須說明所評量的行為其精熟的標準在哪裡。

茲以小華的短期目標對照以上標準，說明符合情形，並加以檢核：

「小華能在兩次的考評中通過口語閱讀二年級水準的 100 字考題測驗，且在每分鐘錯誤不超過 5 個字。」

將以上的短期目標對照三個要點的分析如下：

1. 行為（強調可以觀察得到的）：口語閱讀
2. 情境：二年級水準的 100 字考題測驗
3. 標準：兩次的考評中……每分鐘錯誤不超過 5 個字

將小華的短期目標對照行為、情境與標準，皆能吻合，因此這樣的短期目標是比較有利觀察與評量的目標，也是符合短期目標的要求。

如果不能吻合「行為、情況與標準」中任一個要點，此一短期目標就較不可行，例如：「小英會在一個月讀完三本書」的短期目標中，以行為、情況與標準來檢核發現：

要點一：可觀察與可評量行為

☒是 □否 「讀完三本書」——讀完三本書是可以看到與測量的行為。

要點二：行為發生時的情境

□是 ☒否 「一個月」這是時間的稱呼，並沒有描述出行為發生的情境。

要點三：精熟的標準

□是 ☒否 該短期目標沒有提到小英讀完三本書後，要用什麼方式評量出她達到精熟的標準。

因此，就「小英會在一個月讀完三本書」這樣的短期目標而言，雖然吻合要點一（行為），並不能符合要點二（情境）與要點三（標準），所以並不是恰當的短期目標。

　　短期目標在書寫時還應考慮下列幾點（李翠玲，2005）：

1. 以長期目標為依據。
2. 符合具體、可觀察、可操作之條件。
3. 如果是中重度障礙學生，其目標盡可能偏功能性取向。
4. 一個長期目標至少要有兩個短期目標，且彼此間要有層次性。
5. 是學生導向而非以老師導向。

第二節

IEP 目標偵錯與修正建議

　　如前一章（第六章）所述，撰寫長期目標的要點包括：(1)必須要能評量；(2)必須讓學生能在一年的期限內合理地達成目標；(3)必須要能幫助學生在普通課程中，成功和／或強調其他教育需求是導因於障礙；(4)必須可以透過階段目標或短期目標來逐步完成；(5)必須是在實際環境能評量的目標；(6)必須是適齡的目標。本章所述短期目標則除要合乎行為、情境與標準等三個要素外，還要注意到「以長期目標為依據、符合具體、可觀察、可操作之條件、功能性取向、彼此間要有層次性、學生導向」等。這些要點有利釐清 IEP 目標之可行性、一致性及清晰度的內容，以下就我國一般出現在 IEP 目標中，有關可行性、一致性與清晰度的偵錯與修正建議提出說明。

一、「可行性」目標問題

　　「可行性」主要是指 IEP 短期期限不合理的現象，以致不可能在期限內完成該目標，包括：(1)將短期目標定得太長，達一學期或一學年；(2)無起迄日期設計；(3)短期目標之起迄時間完全相同，不合理；(4)有些目標只有起始時間而無終止時間。例如，IEP 之實用語文之短期目標「能聽懂肯定複句」，

期限為一學年。既為短期目標，期限就應以短期如以週或月為單位，如設計為一個學年，期限就太長了。這幾種現象說明所定之 IEP 目標如果起迄時間太長或無期限，很可能是低估學生，造成學生所學有限，其可行性成效較差。

二、長期目標與短期目標「一致性」問題

「一致性」是指長期目標與短期目標之間的關係，其問題類型包括：缺乏長短期目標、長短期目標不契合及長短期目標相同等寫法。這些錯誤屬於嚴重錯誤，在撰寫時應特別留意。

三、「清晰度」偵錯與修正分析

在 IEP 長短期目標「清晰度」方面常見的問題包括：非目標寫法者、目標描述不夠具體明確者、以老師立場非以學生立場為目標者、一個目標包含兩個以上學習結果等，茲說明如下：

㈠寫成教學目標的情形

包括把教學活動寫成目標，或把教學單元、教學方法、教學內容、教學資源、訓練過程……等寫成目標。表 7-2-1 是針對非目標寫法缺失之情形示例與修正建議。

❖ 表 7-2-1　將教學相關項目寫成 IEP 目標之偵錯與修正示例 ❖

類型編號	現況敘述	問題偵錯	修正建議
一	美勞課之長期目標： 1.彩帶製作 2.水果模型	◎把教學活動寫成目標 ◎把教學資源寫成目標	◎可改為「能製作彩帶」 ◎可改為「會依據水果模型繪圖」
二	休閒生活之短期目標： 1.帶動唱 2.音樂欣賞……	◎把教學活動寫成目標	◎可改為「能配合帶動唱之活動」
三	實用語文之短期目標： 練習筆劃	◎把學習過程寫成目標	◎可改為「能寫出正確筆劃之生字」
四	生活教育科目之短期目標： 居家生活領域： 1.把被子拿起往地上攤平 2.把被子對折一次 3.再把被子對折一次 4.把被子壓平	◎把「工作分析法」的步驟寫成目標	◎可修正為「會折被子」，在 IEP 中不需列出工作分析的內容，因為它是放在教學計畫中
五	實用語文之長期目標： 國語第一冊第一單元「我是好學生」	◎把教學內容及教學進度寫成目標 ◎一學期除第一單元外，還有第二單元等，應視為短期目標為宜	◎可修改為「能通過一年級語文成就測驗」、「會依正確筆劃寫出生字」等

資料來源：李翠玲（2006：10）

　　上表之偵錯類型，以問題「類型編號四」使用工作分析法寫短期目標被視為問題型態仍有探討空間，該項檢核是依據鈕文英（2000）認為「在 IEP 中，IEP 目標不需要列出活動分析的內容，它是放在教學計畫中」所得之結果，對照第六章第二節內容，強調教學目標與 IEP 目標應加以區隔，如此檢

核結果似屬合理。然而，實務上多位學者仍主張工作分析法，是將 IEP 長期目標轉化為短期目標的要訣（李翠玲，2001；林素貞，1999；Gibb & Dyches, 2000; Strickland & Turnbull, 1993），且常被用來針對中重度障礙學生 IEP 的設計（見第十一章工作分析 IEP），機構及中心的 IEP 設計多採用此種方式，顯示工作分析式的 IEP 目標仍有其功能存在。但不可否認，過度使用工作分析的步驟為短期目標的作法，也會限制課程的深度與廣度，因此使用時仍要謹慎考量。

(二) IEP 目標敘寫不夠具體明確

IEP 目標不夠具體主要指「不夠量化」而言，表 7-2-2 是有關此點的敘述，並加以偵錯與修正建議：

❖ 表 7-2-2　IEP 目標敘寫不夠具體的偵錯與修正示例 ❖

現況	問題偵錯	修正建議
實用語文之長期目標：增加認讀字	◎「認讀字」不夠具體，應寫明認讀多少字	◎可改為「能讀出 5 個生字」
休閒教育之長期目標：辨認形體	◎長期目標編寫不夠具體，應說明辨認何種形體	◎可改為「會辨認三角形」、「會辨認長方形」與「會辨認正方形」等
英語科之長期目標： 1. 能夠說出幾個字母 2. 能夠指出簡易數字 3. 能夠指出部分字母 ……	◎「幾個」、「部分」、「簡易數字」不夠明確量化	◎可修改為「能指認出 10 個英文字母」

資料來源：李翠玲（2006：11）

(三) 以老師立場敘寫 IEP 目標

IEP 既然是為了符合學生需要而設計，就應以學生立場來敘寫（鈕文英，2000），但因為教師習慣寫教學計畫，因此在撰寫 IEP 目標時，有時會將既

❖ 表 7-2-3　IEP 目標以老師立場敘寫情形與修正示例 ❖

IEP 事實敘述	問題偵錯	偵錯修訂建議
實用語文之年度教學目標： 培養欣賞音樂的興趣	◎「培養」一詞是以老師立場編寫，而非以學生立場編寫	◎可修改為 「能聽完一首歌曲」
實用語文之長程目標： 增進認字能力 增進寫字能力	◎「增進」一詞是以老師立場來編寫，且目標內容不夠具體量化	◎可改為 「能認讀自己家中的電話和住址」、「能寫出自己的姓名和性別」等
美勞之短程目標： 提供描摹圖案導引該生將圖案拼成故事性圖畫	◎「導引」一詞是以老師立場出發，非以學生能力為出發點	◎可修改為 「能將圖案拼成故事性圖畫」

資料來源：李翠玲（2006：11）

有習慣用於撰寫IEP目標，而以老師的立場敘寫。表7-2-3是此一問題之示例與修正建議。

㈣一個目標中有兩個以上結果

　　一個目標不宜有兩個以上學習結果（鈕文英，2000），例如，在實用數學之學年目標中寫出「會個位數加法和減法」，建議將兩個目標分開寫，如「會個位數加法」、「會個位數減法」等，使目標的層次更明顯。

總　結

　　本章延續上一章的內容，就 IEP 短期目標撰寫的重點與範例提出說明，主要的撰寫要點強調包括行為、情況與標準，老師在撰寫 IEP 目標時，應謹記此三大要點，這樣所編擬的目標才能有效執行與被評量出來，使得特殊學生能透過有品質的 IEP 目標，創造出特殊教育的效能。

Q&A

（D）*1.* 擬定個別化教育計畫，有關學期目標之敘述，下列何者不正確？

　　　⒜學期目標包含教學目標與相關專業服務目標

　　　⒝學期目標是個預估的目標

　　　⒞學期目標是以現階段的能力為基準

　　　⒟學期目標就是教學的行為目標

　　　（94 年度教師資格檢定考題）

（D）*2.* 下列何者是有關 IEP 正確的寫法？

　　　⒜短期目標：仿寫 5 個生字

　　　⒝起點行為：書寫能力佳

　　　⒞短期目標：寫生

　　　⒟短期目標：能寫出自己的名字

（B）*3.* 下列哪一項是最佳智能障礙類 IEP 的寫法？

　　　⒜能精熟注音符號

　　　⒝能寫出自己的名字正確率達 80%

　　　⒞能完成兩片拼圖正確率達 100%

　　　⒟有情緒障礙問題

4. 以下是某生能力現況的描述，請根據此擬定其學年和學期教育目標。

　　（祥祥是國小四年級閱讀障礙學生，根據課程本位評量結果，在閱讀流暢度方面，讓他唸小二的課本，他在一分鐘內可以唸出 95 個正確國字，閱讀理解測驗正確率達 80%。給他小三的課文，則一分鐘內可以唸出 50 個正確的國字，閱讀理解測驗正確率為 50%。）

　　（95 年度教師資格檢定考題）

5. 撰寫 IEP 短期目標的要點為何？並舉一例說明。

6.請偵錯並寫上修正建議：

問題敘述	偵錯	修訂建議
能力現況描述 1.情緒控制能力：「不佳」 2.認知能力：「尚可」		
學生特性及現在能力： 1.咬字不清		
長期目標： 培養聽、說、讀、寫簡易英語的能力		
短期目標： 第一課　失根的蘭花		

參考文獻

李翠玲（2005）。**特殊教育教學設計**（初版六刷）。台北市：心理。

李翠玲（2006）。國中小啟智班 IEP 可行性、一致性、清晰度與有效性分析研究。**特殊教育暨創造思考研究**，**3**，1-19。

林素貞（1999）。**如何擬訂「個別化教育計畫」**。台北市：心理。

林貴美（1996）。個別化教育方案 IEP。載於楊宗仁（主編）**「融合教育學術論文集」**（頁 11-36）。台北市：國立台北師範學院特殊教育中心。

鈕文英（2006）。**如何發展個別化教育計畫**。高雄市：高雄師範大學特殊教育中心。

Gibb, G. S., & Dyches, T. T. (2000). *Guide to writing quality Individualized Education Programs.* Boston, MA: Allyn & Bacon.

Strickland, B. B., & Turnbull, A. P. (1993). *Developing and implementing Individualized Education Programs.* New Jersey: Prentice-Hall Inc.

第八章

特殊教育與相關服務

在個別化教育計畫過程中，目標制訂出來之後，撰寫 IEP 的老師（或 IEP 團隊）就要開始思索，要提供什麼樣的服務給學生，以幫助學生達成 IEP 目標。這些服務就像是一座橋，將學生今年的成就水準與一（學）年後學生的成就連結起來（Gibb & Dyches, 2000）。Bateman 和 Linden（2006）指出，這些服務應該是由地方教育局所提供，內容涵蓋特殊教育、相關服務、普通班級之調整、人力支援，與其他具有開創性、彈性、創新及不是特別昂貴的方法，以符合學生的需求，但是這些服務內容在 IEP 中不是常被省略不寫，就是寫得非常簡略。有鑑於此，美國在最近修訂通過的《IDEA 2004》法令，有一些改革性的作法，值得我國參考。而我國的 IEP 長期以來常被詬病為與教學脫節（李翠玲，1999），這說明 IEP 中有關特殊教育與相關服務內容的撰寫並無法完全發揮功能，仍有改進的空間。本章首先針對法令層面探討，接著說明 IEP 中特殊教育與相關服務的撰寫要點，並呈現轉銜服務與行為計畫的模式參考，以應不同需求特殊學生服務的需要。

第一節

法令規定

IEP 的相關法令反映出時代的潮流，目前融合教育的融入 IEP，更是在提供特殊教育與相關服務時的中心主題，以下就美國與我國法令中對 IEP 所規定的服務內容說明如下：

一、美國

在 2004 年最新修訂的《IDEA 2004》法案中，對 IEP 服務的內容偏向利用研究結果於實務中，該法案認為，特殊教育與相關服務及輔助輔具服務的選擇必須取自「高度實用的同儕評鑑研究」（peer-reviewed research to the extent practicable），強調這些研究成果是經過其他同業或同領域的審查，而符合科學原理。這樣的變動是為了與「沒有學生落後」法案〔或譯成「帶好每位孩子」（No Child Left Behind, NCLB）法案〕之「以實證為基礎的實務」（evidence-based practices）使用於所有兒童的要求一致，該法案還特別強調提供 IEP 服務的人員必須是「合格人員」（highly qualified personnel），規定特殊教育教師必須具備學士學位與特殊教育教師證書，臨時或短期證書則不可任教；特教老師如果擔任英文或數學等主要學科，則還須具備該任教科目的資格。

在《IDEA 2004》法案中，也與舊法（《IDEA '97》）一樣，要求必須提供有 IEP 學生的調整與支援，以促使學生能產生下列的進步（Gartin & Murdick, 2005）：

1. 恰當地朝達成年度目標進步。
2. 在普通教育課程中融入與進步……與參與課外活動和其他的非學科性活動。
3. 能與其他無障礙的兒童在普通班一起接受和參與教育。

該法案同時規定服務的內容必須包括期望與調整的頻率、地點、期限。有關轉銜的服務，《IDEA 2004》保留《IDEA '97》法案中對轉銜的定義外，並擴充轉銜服務年限，也擴大轉銜服務的內容，將「職業教育」與「復健諮商」的理念引入法條內（Council for Exceptional Children, 2004）；法令中也規定，老師與 IEP 團隊必須共同決定能夠幫助學生學習成功所需的輔具與服務。

二、我國

在我國 1998 年（民國 87 年）之《特殊教育法施行細則》第 18 條第五、七、十款規定 IEP 應包括下列服務事項：

第 18 條第五款　　學生因行為問題影響學習者，其行政支援及處理方式。

第 18 條第七款　　學生所需要之特殊教育及相關專業服務。

第 18 條第十款　　學前教育大班、國小六年級、國中三年級及高中（職）三年級學生之轉銜服務內容。

前項第十款所稱轉銜服務，應依據各教育階段之需要，包括升學輔導、生活、就業、心理輔導、福利服務，及其他相關專業服務等項目。

參與擬定個別化教育計畫之人員，應包括學校行政人員、教師、學生家長、相關專業人員等，並得邀請學生參與；必要時，學生家長得邀請相關人員陪同。

由以上法令，可知在 IEP 中之服務內容涵蓋行為介入（如果學生有需要）、特殊教育（包含在普通班的調整）、相關服務（專業團隊服務等）及轉銜服務等。其中，我國法令雖然將轉銜服務的內容擴大涵蓋到教育、就業、心理與社福，但在執行層次與實務認知上，仍過度地強調教育階段的轉銜以及就業轉銜的內涵上（林宏熾，2005），對於休閒、復健、就醫、就養等內容仍不足。

第二節

特殊教育服務

在 IEP 中所稱的特殊教育，特別是指為那些有特殊教育需求的學生特別設計的課程，通常是由特殊教育教師來教（Gibb & Dyches, 2000），但同時也應包括到普通班進行融合教育時所做的調整等（Bateman & Linden, 2006）。茲分為特殊教育與融合教育探討：

一、特殊教育

在 IEP 中的特殊教育，最主要目的是為了達成 IEP 目標而設計，根據《IDEA 2004》的規定，在IEP中要提供的特殊教育是以實證研究為基礎，並且要老師與家長共同決定是否採用該法。例如針對閱讀障礙，不能只在 IEP 中指出「每天安排一節課進行特殊教育，另外加上在普通班必要的調整」，應該加以說明使用於特殊教育的方法是什麼，而且這方法最好是經過研究驗證過，以強調科學證據的重要，這樣的特殊教育選擇方式比較能說服家長，也比較沒有爭議性。

Bateman 和 Linden（2006）透過 L 生的例子說明，在 IEP 中有關特殊教育服務的寫法可以融入研究成果，以符合「高度實用的同儕評鑑研究」原則。例如，L 生的特殊需求可從他的工作樣本得知，其手寫能力的工作樣本如圖 8-2-1。

❖ 圖 8-2-1　L 生手寫能力的工作樣本 ❖

資料來源：Bateman & Linden (2006: 131)

　　L生這樣的書寫能力必然造成書寫速度緩慢、不易讓人看懂等問題，L生的特殊教育服務重點是協助他能接近普通班的課程（access the curriculum），諸如了解老師的指令、閱讀該班上課課文等。基於這樣的原則，IEP 團隊成員就必須提出一個問題：「L生到底需要什麼協助，使他能在普通班課程中跟上程度並有所進步？」這個答案可以包括密集的、有效的補救閱讀策略、利用錄音帶課文教學、小老師與以口語作業取代文字作業等，這些策略也是通過研究驗證，最後 IEP 小組選定代幣經濟制（token economy）與行為契約制（behavioral contract）為服務重點，其 IEP 規劃就可如表 8-2-1。

❖ 表 8-2-1　L 生的 IEP ❖

特殊需求／現有學業成就與功能性表現水準（PLOPs）	特殊教育／相關服務／輔具服務（基於同儕評鑑研究的基礎）	可評量的年度目標與短期目標（進步的階段）
L生第一次上課無法跟上老師的指令（PLOPs：能在 5 秒內的 45%時間中聽從教師指令）	1. 代幣經濟制、行為契約制，服務開始於 1/21，持續兩個月，在所有 L 生就讀班級實施 2. 助理與普通班老師將要接受一個小時的代幣經濟制使用於班級中的訓練與相關講義（在 12/5 前）	（長）目標：能在 5 秒內聽從教師指令且沒有任何負面反應 （短）目標 1：能在 2/15 前連續 3 天通過率達 75% （短）目標 2：能在 3/15 前連續 5 天通過率達 90% （PLOPs 也可以寫在這裡）

資料來源：Bateman & Linden (2006: 134)

　　當 IEP 團隊決定使用代幣經濟制當成主要的教育服務主軸時，就要考慮到相關人員的配合能力，因此相關的在職訓練也應同時展開，這也是為什麼在表 8-2-1 的 IEP 中，助理與普通班老師將要接受一個小時的代幣經濟制使用於班級中的訓練與發給相關講義。

　　在我國目前大多數的 IEP 對於有關特殊教育與相關服務的寫法，也是透

過表格方式，將進行特殊教育服務的地點、科目、頻率、時間與負責人納入其中，就算是對 IEP 中有關特殊教育的服務有交代。例如，小華是小學三年級學生，雖然智力測驗的結果顯示其智商在正常範圍內，但該班導師發現他的認知能力有一些問題存在，包括：(1)對國語課文的語意理解力不夠，經常不懂也說懂。(2)注音符號有聲調混淆和相似聲韻符混淆的情形。(3)數學的應用問題常不看清題意即回答。他在《中文年級認字量表》、《閱讀理解困難》、《高頻字測驗》、《看注音寫國字》、《基礎數學概念評量》等評量結果，均低於切截分數，因此，小華被安排的特殊教育服務的內容如表 8-2-2。

❖ 表 8-2-2　小華接受特殊教育服務之內容（量的特色）❖

首次	繼續	更換	地點	領域或科目名稱	使用時間	週／節課	起迄日期	負責人
V			A 資源班	國語	星期二藝術與人文課（兩節）及星期四早自習	1/3	94.09.09 ｜ 95.01.10	李○○
V			A 資源班	數學	星期三道德與健康課及星期五早自習	1/2	94.09.09 ｜ 95.01.10	李○○
V			A 資源班	協同教學	星期五團體活動課	1/1	94.09.09 ｜ 95.01.10	李○○

表 8-2-2 的資料顯示出小華接受特殊教育「量」的安排，至於他在資源班要如何針對他的需求來安排特殊教育的「質」則無法得知。然而，這個特殊教育的「質」才是得知是否符合其特殊需求的重點，也是撰寫 IEP 最重要精神，因此，這樣的安排如能利用有效的教學策略（最好是使用有實證研究驗證過的策略），才有助小華的問題加以改善。那到底要如何選擇經過實證研究驗證過的教學策略呢？這是一個建立資料庫的任務，在目前尚未有相關的單位提供這樣的資料庫之前，有心的老師可以透過中文（或西文）圖書期

刊資料庫檢索來獲得一些資訊。

在敘述所提供的特殊教育服務內容時，也應該注意方便讓人一目了然的原則，例如「一學期中每週必須有 600 分鐘的閱讀補救教學」，用這麼大量的「分鐘」來敘述特殊教育的服務量，對家長來說不是清楚的敘述，不如將其劃分為 10 個小時，或一週幾節課的形式敘寫。

二、融合教育

普通班的教室通常是我們所稱的最少限制環境，由於特殊學生具有的障礙，要想融合在普通班上課學習，必須提供輔具與服務，否則不易參與普通班課程，因此在 IEP 中，必須註明基於學生需求安排適當輔具與補救教學服務，以使他（她）能在最少限制的環境中有效學習。表 8-2-3 是有肌肉萎縮症的小英在 IEP 中，有關融合教育的特殊需求與調整方式的設計例子。

❖ 表 8-2-3　小英在 IEP 中融合教育的特殊學習需求及調整方式 ❖

需求項目	調整方式
輔具需求	學校購買特殊課桌椅，協助小英方便寫字、閱讀。
復健協助	每天第二節下課會安排同學協助小英做簡單的肌肉復健（把手抬高抓球的復健）與用按摩球按摩其四肢。
座位需求	由於小英患有肌肉萎縮症，所以安排她坐在距離門口最近的座位，方便她進出。
交通需求	學校有安排交通車及隨車老師接送小英上下學。
作業調整	教師簡化課文、自編教材、學習單。
評量調整	增加口頭回答、實作評量的部分，筆試的部分延長作答時間，並提供報讀服務。
同儕協助	請愛心小老師協助課業，並且請同學多和小英互動，增進其人際關係。

為了可能遺忘融合教育的調整項目，Bateman 和 Linden（2006）設計調整的檢核表，檢核項目分為輸入與輸出調整，輸入部分包括教師的講課方式、教科書（講義）與測驗等，輸出部分則包括測驗、作業、輔具與評分方式等；當然，也可能學生所需要的調整內容並不在此檢核表中，教師仍須個別考量。今參酌 Bateman 和 Linden（2006）所設計的調整項目配合我國教育情形，並將其使用原則與注意事項列於有關課文與評分調整項目，整理成表 8-2-4，見下頁。

第三節

相關服務

在 IEP 中針對學生的需求所提供的服務，除了來自教育方面外，亦需要其他非教育系統方面的配合，尤其是重度與多重障礙兒童，其所需要的服務更是多元化。大致來說，IEP 中相關服務內容大致可分為以下幾大類：

一、醫學、心理諮商等

有關醫學方面的服務內容是指特殊教育之外學生所需要的治療，包括：語言治療、物理治療、職能治療、聽能說話訓練、心理服務、諮商、治療性休閒、定向行動訓練等。

二、補救教學與輔具服務

其他有關補救輔助與輔具服務包括：教學的提供方式、作業與考試、個人化的協助、日課表與日常作息、評量、環境的改變、行為管理、學生分組、計畫與監督、科技輔具與合作／諮商等。

❖ 表 8-2-4　融合教育調整檢核表（課文與評分）❖

學生姓名：

檢核者：

日期：

調整項目：輸入──課文與講義		
檢核	內容	備註
是 否	針對學生程度給予不同層次內容	簡化課文
是 否	提供有重點提示的內容	老師先將課文畫重點
是 否	提供兩份同樣內容，其中一份讓學生回家練習	提供副本
是 否	放大字體課文	弱視者尤其需要
是 否	提供報讀者	全盲者尤其需要
是 否	提供錄音課程	視障者
是 否	提供線上教學課程（學生可以隨時上網複習上課內容）	過度學習原則
是 否	其他：	
調整項目：輸出──評分		
是 否	使用通過與不通過取代普通班的 1~100 分評分	替代評量
是 否	資源班、特教班另出考題評分	
是 否	題目減少但評分標準與普通班的要求一樣	
是 否	普通班成績與特教班成績依比例加權計分	
是 否	其他：	

備註：檢核表必須附在 IEP 中

三、社會工作服務

社工的服務包括殘障福利、家暴處置與家庭配合等事項。

通常我國 IEP 中相關服務，主要包括語言治療、物理治療、職能治療、心理諮商、輔具提供或社工等，提供的項目與頻率端賴教育局是否當年有足夠經費聘請該類治療師進行治療，輕度障礙學生比較不需要這些服務，重度障礙者則較為需要。茲列舉一例說明：小明是腦性麻痺的小學三年級啟智班學生，他有語言發展遲滯、口腔功能不良、常流口水、走路呈剪刀型、容易跌倒等問題。透過專業診療與 IEP 會議，IEP 團隊認為他必須接受語言、物理與職能治療的服務，小明的相關服務依據現行 IEP 表格，呈現出量化的資料（見表 8-3-1）。

❖ 表 8-3-1　小明 IEP 中之相關專業服務（量化）❖

服務內容	頻率	時間	負責人	備註
語言治療	1 週 1 次，每次 30 分鐘	星期二上午	○○醫院語言治療師	醫療團隊、林○○
物理治療	1 週 1 次，每次 30 分鐘	星期三上午	○○醫院物理治療師	醫療團隊、李○○
職能治療	1 週 1 次，每次 30 分鐘	星期一上午	○○醫院職能治療師	醫療團隊、郭○○

上表所提供的資訊傳達出小明所接受的服務「量」，至於質化的資料，則有賴治療師預計要進行的內容，設計在 IEP 的相關服務中，例如，根據物理治療師診療結果認為小明應該接受擺位的服務，語言治療師認為他應該接受口腔按摩訓練，職能治療師認為他應該接受手部抓握訓練，這些內容都可以依據「同儕評鑑」的研究成果將之融入 IEP 中；但更為恰當的融入法，是融入在小明的在校學習環境中，例如治療師建議的「擺位的服務」，不如寫

成「進午餐前，引導小明以直線從教室走向餐廳」；「口腔按摩訓練的服務」不如寫成「在午餐時間用餐前，提供按摩口腔的服務」；「手部抓握訓練」的服務不如寫成「在午餐時間，在引導下利用湯匙輔具舀起碗裡的飯」。當然，這種服務可能被認為涉及醫療與復健的專業，因此最好由治療師示範與指導教師共同協力完成，這樣的方式也可能涉及治療師角色釋放的意願。由於專業人員擔心「角色釋放」被誤用為「角色交換」或是「角色取代」，失去專業的主體性（孫世恆，2004），因此除非治療師有釋放角色的共識，而教師也能拿捏好彼此角色的分寸，否則仍不易執行。據此，小明的 IEP 重新設計後，其 IEP 中相關專業服務內容的規劃如表 8-3-2。

❖ 表 8-3-2　小明 IEP 中之相關專業服務（量＋質＋融入生活）❖

相關專業	服務內容（質化／同儕評量基礎）	頻率	期限／時間 民 94.9-民 95.1	地點	負責人
語言治療	口腔按摩：按摩臉部、牙齦	每天 1 次，每次 5 分鐘	每天的午餐時間用餐前	餐廳	○○醫院語言治療師林○○、林老師
物理治療	擺位：從教室／餐廳走到餐廳／教室	每天 1 次，每次 20 分鐘	每天午餐前／後	教室走廊餐廳	○○醫院物理治療師李○○、林老師
職能治療	抓握訓練：利用湯匙輔具指導舀起碗中的飯	每天 1 次，每次 30 分鐘	每天的午餐時	餐廳	○○醫院職能治療師郭○○、林老師

當考慮到所提供的服務要盡可能幫助學生達成 IEP 目標時，在撰寫 IEP 中有關提供的服務內容時，就應考量如表 8-3-2 中所敘述主要三大要點（量＋質＋融入生活），並盡量將服務融入學生的生活與學習情境中，其要點歸納如下：

要點一：要寫出所能提供的服務「量」

包括下列項目：

1. 日期：說明特殊教育與相關服務什麼時候開始提供。
2. 頻率：說明所提供的服務多久提供一次。
3. 地點：說明服務會在哪裡提供給特殊學生。
4. 期限：說明所提供的服務會提供多久。

要點二：要寫出所能提供的服務「質」，且要基於實證研究的結果

強調教師或 IEP 團隊在決定服務內容時，不應根據個人主觀憑空來認定，而應採用現有研究的成果，且證明有效的策略以符合「以實證為基礎的實務」（evidence-based practices）之原則。例如，國內外有相當多的研究（唐紀絜、林惠芬、龔仁棉、簡言軒，2004；謝淑珍，2002；Anderson, 2001; Bondy & Frost, 1994; Charlop-Christy, Carpenter, Le, LeBlarnc, & Kellet, 2002; Ganz & Simpson, 2004; Tincani, 2004），證明圖片兌換溝通系統（Picture Exchange Communication System，簡稱 PECS）能增進自閉症兒童的溝通能力效果，因此當發現自閉症學生有溝通需求時，則可將 PECS 列為提供 IEP 服務的選項。

要點三：要將相關服務內容融入學生的「生活」中

為了讓所提供的服務能確實為學生所用，所提供的服務應該融入學生的學習環境與作息中，做到生活即學習、學習即生活，以收潛移默化的效果，這樣的 IEP 才能成為有效能的工具。

第四節

轉銜服務

轉銜服務是指提供計畫與服務供建構學生的課程—工作與其他教育經驗，使得年齡達 14 歲的障礙學生準備轉銜（Gibb & Dyches, 2000）。我國的法令則是規定在每一學習階段的最後一年，要為學生撰寫轉銜計畫，即幼稚園大

班、國小六年級、國中三年級或高中三年級。

　　以美國為例，撰寫轉銜計畫是當學生年紀達 14 歲與 16 歲時開始撰寫，此兩年齡的撰寫內容略有不同，茲分別敘述：

一、當學生 14 歲時

　　在學生年齡達 14 歲時，所規劃的轉銜服務主要是以學生在學時的「教育計畫」執行為轉銜重點，其項目包括：

1. 必須有關學生的工作的課程轉銜規劃。
2. 學生必須修職業課程以為他（她）的成人就業作準備，或為他（她）升入大專院校作準備。

二、當學生 16 歲時

　　在學生年齡達 16 歲時，轉銜服務的重點則以將離校時「跨機構、入社會」為轉銜服務重點，其內容包括：教學（通常要強調 IEP 目標）、相關服務、社區經驗、就業、如果學生需要則要加強日常生活技能、如果學生需要則要提供功能性職業評量。

　　以上所提的轉銜服務是由以下機構人員提供：國立職業復健機構、職業服務隊、市立或縣立夏季計畫、私人工作訓練機構、庇護工廠、其他政府或私人的服務機構。

　　Gibb 和 Dyches（2000）同時指出，這些服務必須列在 IEP 上，因為根據《IDEA '97》，所有由 IEP 團隊所決定的轉銜服務都要放在 IEP 中，但因為並不是所有學生都要轉銜，因此學校可以用附件的方式附在 IEP 檔案的後面。《IDEA 2004》則是規定轉銜計畫必須要有適合的、可評量的中學畢業後的目標，而且這些目標是根據轉銜評量的結果而來（Bateman & Linden, 2006），Bateman 和 Linden（2006）同時建議，在美國有兩個最重要的轉銜內容應該盡可能為學生安排，一個是「挺己技能」（或稱自我倡議）（self-advocacy），一個是通過考試取得駕駛執照的技能，考取駕照尤其對即將畢業的學習障礙

學生特別重要。美國與我國國情不同，但考量學生畢業後即將面對的挑戰，教師也應該認真思考什麼是學生在畢業後一定要具備的能力，才能融入社會，並將之納入轉銜計畫中。

轉銜計畫如果要寫得非常詳盡，可另外撰寫「個別化轉銜計畫」（Individualized Transition Plan），否則可以就 IEP 的服務項目中加入轉銜服務的安排與內容，通常我國大部分 IEP 是採用表格中設計欄位方式，並填上學生未來安置規劃與轉銜服務內容。例如，小雲即將自國中啟智班畢業，IEP 團隊為她安排未來一年的轉銜計畫與其內容，如表 8-4-1 與表 8-4-2。

❖ 表 8-4-1　小雲未來一年的轉銜計畫 ❖

國中三年級		☐ 2. 就業（請說明＿＿＿＿＿＿）
1. 升學方面	預計就讀學校	☐ 3. 在家幫忙
☐ 一般高中	＿＿＿＿＿	☐ 4. 其他＿＿＿＿＿＿＿＿＿
☐ 高（中）職資源班	＿＿＿＿＿	
■ 高職特教班	國立新竹高工	
☐ 特殊學校高職部	＿＿＿＿＿	
☐ 其他		

❖ 表 8-4-2　小雲的轉銜服務內容 ❖

項目	輔導內容	起迄日期	輔導者
升學輔導	參觀新竹地區高職特教班、蒐集高職特教班考試考古題、準備考試	民 94.09-95.01	班導師李○○
生活輔導	加強儀容整潔、強調社交應對能力的培養、加強親職教育	民 94.10-95.01	導師李○○、輔導主任
就業輔導	增進守時觀念、遵從指令	民 94.10-95.01	班導師李○○
心理輔導	增進自我決策能力、增進挫折容忍力	民 95.02-95.06	班導師、輔導老師
福利服務	交通車、溝通輔具	民 95.03-95.06	個案管理員、班導師
其他相關專業服務	語言治療	民 95.03-95.06	語言治療師、班導師

第五節

行為管理計畫

　　針對學生的行為問題，預估其影響學生學習，使得 IEP 目標的達成受到影響，此時在規劃 IEP 時，應同時提供行為管理的計畫。Bateman 和 Linden（2006）認為，行為管理的介入計畫除了要去除不當行為外，也應同時有教導與支持適當行為的規劃。

　　在設法達成行為管理計畫目標時，功能性行為評量（Functional Behavior Assessment，簡稱 FBA）是經常使用的方式之一，該法能發覺該增強與削弱的行為，以幫助了解不當行為的原因與補救的介入方法。該法目的在分析行為或能力的相關變項，包括前因（Antecedent，簡稱 A）、行為（Behavior，簡稱 B），與後果（Consequences，簡稱 C），對了解學生的問題行為之起點能力有相當的效果存在，IEP 小組成員可以根據其評量結果，據以提供介入措施，透過行為改變技術或其他策略來進行行為管理。

 總　結

　　為了達成 IEP 的目標，所安排的特殊教育與相關服務的量與品質就成為關鍵要素。本章透過美國最新的 IEP 相關法令與實務，並與台灣的實施現況作一整合分析，對 IEP 的實施層面，包括特殊教育、相關服務、轉銜服務與行為管理服務等項目進行分析，並進而有效達成 IEP 的目標，而能使學生產生學習上的進步。

Q&A

（A）*1.* 針對有嚴重攻擊行為的亞斯伯格症學生，其 IEP 中應包括的重點，以下何者為錯誤？

　　⒜增加抽離課程時間，以避免打人

⒝註明其情緒為之處理機制及行政支援

⒞註明服藥名稱並記錄學生用藥狀況

⒟加強班級同儕宣導及行為輔導課程

（95 年度教師資格檢定考題）

（D）2. 下列何者不屬於「以實證為基礎的實務」（evidence-based practices）的服務內容？

⒜圖片兌換溝通系統

⒝結構式教學法

⒞引導式教育

⒟多作復健

3. 身心障礙學生「個別化轉銜計畫」之評量項目與評量方式為何？（10 分）

（94 年度教師資格檢定考題）

4. 撰寫 IEP 相關服務內容的要點為何？並舉一例說明。

5. 試將下列服務內容轉化為融合於學生學習情境的內容。

口腔按摩：

擺位：

手部抓握訓練：

參考文獻

李翠玲（1999）。**特殊教育法修訂實施後桃竹苗地區個別化教育計畫實施現況調查**。新竹師院特教中心叢書第六十五輯。新竹市。

林宏熾（2005）。美國身心障礙學生轉銜服務之相關理論與哲學。**特殊教育季刊**，**97**，1-9。

唐紀絜、林惠芬、龔仁棉、簡言軒（2004）。唐氏症幼兒「圖片兌換溝通系統」教學成效初探。**身心障礙研究**，**2(4)**，240-256。

孫世恆（2004）。目標達成量表在早期療育評估之應用。**特殊教育研究學刊**，**26**，109-125。

謝淑珍（2002）。**發展遲緩幼兒溝通教學成效之研究**。國立彰化師範大學特殊教育研究所碩士論文，未出版，彰化縣。

Anderson, A. E. (2001). Augmentative communication and autism: A comparison of sign language and the Picture Exchange Communication System. *Dissertation Abstract Internatinal. (University Microfilms No. AAT 3027052)*

Bateman, B. D., & Linden, M. A. (2006). *Better IEPs* (4th ed.). Verona, WI: Attainment Co.

Bondy, A. S., & Frost, L. A. (1994). The picture exchange communication system. *Focus on Austic Behavior, 9,* 1-9.

Charlop-Christy, M. H., Carpenter, M., Le, L., LeBlarnc, L. A., & Kellet, K. (2002). Using the picture exchange communication system (PECS) with children with autism: Assessment of PECS acquisition, speech, social-communicative behavior, and problem behavior. *Journal of Applied Behavior Analysis, 35,* 213-231.

Council for Exceptional Children (2004). *CEC's update on IDEA reauthorization,* http: //www.cec.sped.org/pp/IDEAReAuthTimeline.pdf.

Ganz, J. B., & Simpson, R. L. (2004). Effects on communicative requesting and speech development of the Picture Exchange Communication System in children with characteristics of autism. *Journal of Autism and Developmental Disorders, 34*(4), 395-409.

Gartin, B. C., & Murdick, N. L. (2005). IDEA 2004: The IEP. *Remedial and Special Education, 26*(6), 327-331.

Gibb, G. S., & Dyches, T. T. (2000). *Guide to writing quality Individualized Education Programs.* Boston, MA: Allyn & Bacon.

Tincani, M. (2004). Comparing the Picture Exchange Communication System and sign language training for children with autism. *Focus on Autism and Other Developmental Studies, 19,* 152-163.

第九章

ＩＥＰ中融合教育

　　早期社會認為特殊兒童因為身心上個別差異顯著，故成立特殊學校、特教班以使其接受為其特別設計的課程，認為這種偏向「隔離」安置的方式將有利其發展。但這樣的說法到了 20 世紀後期強調「多元」的社會，受到挑戰與質疑，Gerber（1994）就指出，特殊教育的教室是一個智力測驗結果的人為環境，這是一個「外在的」（external）教室現象（如課程），對「內在的」（internal）孩子現象（如認知表現）進行分析。而特殊教育所帶來的標記問題，對某些特殊孩子而言是不利的。

　　融合教育的興起，是承認特殊學生存在的正當性，目前倡導的課程調整、多元評量、替代評量……等方式，都是與融合教育有關，而 IEP 是提供特殊兒童適性教育的一套管理工具（李翠玲，2005）。Tod（1999）認為，IEP 的發展已經有一段不算短的時間，而有關 IEP 正面的特徵是有利融合教育的實施。因此，如何把這些融合教育的措施反應在 IEP 中，應該是每一位撰寫 IEP 的老師應該認真思考的，而如果學生的障礙程度太重，實在無法融合，又該用何種方式在 IEP 中說明？這些都是現階段在撰寫 IEP 時應加以考量的課題。

　　目前國內罕有文獻提及 IEP 與融合教育結合的問題，本章則先從法令提出融合教育在 IEP 中的相關規定，再從幾個 W（何？）方向說明融合教育在擬定 IEP 中應注意的重點，最後呈現美國 IEP 中有關融合教育的方式，並輔以我國的例子，希望有助實務工作者在撰寫 IEP 時，能將融合教育的精神予以落實。

第一節

法令規定

　　IEP 創始於美國，其教育法案對 IEP 相關的規定具有指標性，常是其他國家立法的參考，我國的特殊教育法令大致根據美國法令內容修訂，因此 IEP 相關的法令內容也有相似之處。茲將美國與我國教育法案中有關融合教育在 IEP 中的規定敘述如下：

一、美國

　　美國正式將 IEP 納入法案的是 1975 年的《94-142 公法》，即所謂的《全體障礙兒童教育法案》（Education for All Handicapped Children Act），目的是提供特殊兒童「適性的教育」，法案中規定特殊學生必須在「最少限制的環境下」接受教育；接著在 1986 年第一次修訂此法案，將特殊兒童受教年限下降至出生，1990 年美國通過第二次修訂，對已達 16 歲的特殊學生要求加入「個別化轉銜計畫」（Individualized Transition Program，簡稱 ITP）。1997 年美國通過第三次修訂，特別強調 IEP 中融合教育的特色。因此就美國特殊教育相關法案而言，具體將融合教育納入 IEP 的是 1997 年的 IDEA 法案。

　　在《IDEA '97》法案中，有關融合教育的規定，包括：「學生現況之描述必須具備參與普通教育或一般活動之概括性敘述、IEP 文件內容必須包含如何參與普通教育之課程、活動和學科成就感，與無法參與普通班課程之理由」等（林素貞，1999）。

　　美國於 2004 年再次修訂身心障礙教育法案，其中 IEP 中有關融合教育的規定依舊存在，顯示融合教育仍是當今潮流。Gartin 和 Murdick（2005）指出，在 2004 年教育法案中，規定 IEP 的目標要「符合孩子需求，使得孩子能融入普通教育課程，而且使其進步」。也就是說，IEP 的目標走向必須考量融合教育的內涵。該法案仍然延續《IDEA '97》法案，強調要殘障學生盡可能隨時隨地與非殘障學生一起學習，也同樣要求在 IEP 中，要為特殊兒童寫

出全國性、地方性考試的調整方案，供特殊學生在參加全國性或地方性入學考、資格考或相關考試時參考之用。對於不能參與普通班課程的學生，規定一定要寫出不能參與融合教育的理由。

美國的 2004 年教育法案與 1997 年的教育法案，同樣要求 IEP 會議的成員中要包括普通班教師，這樣的要求是為了強化特殊兒童融合於普通班的課程，因此仍然保留這樣的條文。

二、台灣

我國於 1998 年之《特殊教育法施行細則》中，相關融合教育規定是在第 18 條第三款與第八款，其內容如下：

IEP 應包括下列服務事項：

第 18 條　第三款　學生身心障礙狀況對其在普通班上課及生活之影響。
第 18 條　第八款　學生能參與普通學校（班）之時間及項目。

這樣的規定是特殊教育評鑑時有關 IEP 部分的評鑑指標，通常如果沒有在 IEP 中為學生安排融合教育，都會在評鑑時被糾正，因此目前國內 IEP 表格大多有融合教育欄位的設計，但內容可能是空白。老師的反應是學生程度太重，實在無法安排回普通班上課，或普通班老師不歡迎特教班學生入班，或特教班老師即使有心為學生安排融合教育，行政單位不伸出援手，就難以要求普通班老師接納特教班學生入班融合。顯然我國的特教法令對 IEP 中有關融合教育方面的規定，仍有待進一步更具體規定，才能有助執行融合教育。

我國的特教法案對 IEP 有關融合教育的規定，雖然有兩條文，但仍偏重在宣示層面，並沒有嚴格規定一定要為學生安排融合教育，而倘若沒有為學生安排融合教育，也沒有像美國法令規定一定要寫出不能融合的原因。目前我國正在修訂特殊教育法令，針對 IEP 中融合教育的規定，應可使 IEP 中融合教育部分更強化，更符合現階段融合教育的思潮。

IEP 中融合教育撰寫方法

在撰寫 IEP 時，除了要符合學生的特殊教育需求外，亦應安排特殊學生的融合教育，如果沒有在 IEP 中為學生安排融合教育的內容時，則必須在 IEP 中說明學生不能參與融合教育的原因與程度為何。Gibb 和 Dyches（2000）指出在撰寫融合教育內容時，必須先從以下五個 W（為什麼、誰、哪裡、什麼內容、如何作）去思考：

㈠為何要融合教育（Why）？

融合教育不但是當今思潮，而且是法令規定。

㈡這樣規定的意義何在（What）？

這表示所有 IEP 成員都應該「解釋」這位特殊學生不能參與普通班課程、學校課外活動與其他非學業活動的程度。

㈢誰（Who）不能參與普通班課程？

大部分特殊學生只要透過不同程度的調整與變動，就可以參與普通班課程，因此，IEP 小組成員發現某位學生即使透過輔具或相關服務，仍有困難參與普通班課程，而決定這位學生不須參與普通班課程時，就必須詳述原因。

㈣特殊學生到哪裡（Where）去融合？

校內提供給特殊學生融合的場所可分為三種，即普通班教室及其課程活動（語文、數學、藝能課……等）、課外活動（社團活動、球隊、校隊組織等）與非學科活動（午餐、晨會、課間操或慶生會）等。

㈤IEP 小組決定這位學生不能融合時，該如何（How）寫？

一定要寫出不能融合的「程度」（extent），通常美國的地方教育局所提

供的 IEP 表格會有這樣的設計欄位供老師填寫。

　　針對如何撰寫 IEP 中融合教育內容，大致可分為百分比法、時間長短法與列出科目法等三種方式，茲舉例說明如下：

方法一：百分比法

　　有些老師是使用百分比的寫法來呈現融合教育程度，例如，小湯是一位重度智能障礙的五歲男童，他尚未發展出功能性語言，同時有情緒困擾現象，常會出其不意的大哭或喊叫，他同時也有嚴重的觸覺防禦問題。小湯目前安置於普通學校學前特教班，他所有正式課程都是在特教班上課，但在每天的早餐、晨間戶外活動時間則是與隔壁班的普通生一起活動，老師在 IEP 中寫出他的融合程度如下：

　　小湯融合教育時間共計：

　　_____ 100%

　　_____ 80-99%

　　_____ 40-79%

　　✓ 1-39%

　　_____ 0%　解釋原因：_____

　　由以上資料可以看出，小湯的融合程度是介於 1%-39%之間，這種百分比的優點是將融合教育的程度加以約略量化，以幫助檢驗這位學生的障礙程度與融合教育的比例是否得當。這是從「能」參與融合教育的角度思考來撰寫，也有的 IEP 是從「不能」的反向思考方式來撰寫，例如：

1. 小華不能參與普通班課程的時間達 10%。

2. 小明有 25%的時間無法參與普通班課程。

方法二：時間長短法

這種方法是寫下不能參與普通班課程、學校共同的課外活動與非學科活動的時間總共是多少，其寫法舉例如下：

1. 小美每天中共有 30 分鐘不參與普通班課程。
2. 小英每天中共有 1 小時不參與普通班課程。

方法三：列出科目法

這種方法是列出學生不能參與的普通班課程名稱，例如小強是五年級情緒障礙學生，他的 IEP 團隊發現他和老師、其他同學間互動有困難，他也會干擾其他同學學習，小強的 IEP 目標包括一週兩次的心理諮商，他曾在比較低結構化課程時（如體育課）傷害其他的小朋友，因此在他情緒未達穩定前，他將不准上體育課，他也必須到資源班上數學課。所以，他的 IEP 中要註明他不能參與融合教育的科目是體育課和數學課。

其他使用科目的類似寫法舉例如下：

1. 小寶參與所有普通班課程。
2. 小玲不參與普通班之數學課、國文課與體育課。

上述三種 IEP 中融合教育寫法，各有特色，老師可以依據學校、班級或學生狀況來選擇使用哪一種方式撰寫，不過基於彰顯融合教育的重要性，以及譴責不安排融合教育的不當性，大部分美國的 IEP 是使用「否定句」的寫法多於「肯定句」寫法，也就是比較常看到 IEP 是寫「不參與融合教育的程度達……」多於「參與融合教育程度達……」。

第三節

考試調整與課程調整

　　因應融合教育的需求，在 IEP 中應該把在普通班調整的項目列入其中，包括測驗、教科書、作業、評分等方面的調整，因此，普通班教師在 IEP 會議中應該提供寶貴的意見，以協助 IEP 團隊在擬定 IEP 時決定融合教育的策略。我國目前配合融合教育的調整較常使用的是考試調整與課程調整，其在 IEP 中的呈現方式敘述如下：

一、考試調整

　　中華民國學習障礙學會曾經發行「小宇的故事」錄影帶，片中敘述閱讀障礙的小宇在自然課考試時，採用和同班同學一樣的紙筆測驗，結果成績是 40 分，老師覺得他平常的反應不錯，會得到這樣的成績有些奇怪，於是把考題改成用唸的，結果小宇的成績就變成 96 分，這裡說明考試調整對特殊學生進行融合教育的重要性。但因為考試調整涉及考試方式的不同，有引發不公平的爭議，因此教師決定為特殊學生安排考試調整時，要特別注意一般生的反應，須充分溝通與說明。也就是說考試強調公平性，但所謂的公平應該是彌合特殊需求的立足點後的評量，才是真正的公平，例如數學成績考不好，有可能是因為閱讀應用問題的障礙造成數學低分，而非學生真正的數學程度不好。

　　我國這幾年也開始注意到身心障礙學生這樣的需求，因此，許多入學考也開始為身心障礙學生設置考試調整，例如，大學指考為身心障礙學生所設置的考試調整內容如下，學生可依據障礙情況提出申請，經查證屬實，則可選擇適合項目進行考試調整：

1. 提早 5 分鐘進入試場準備。
2. 延長作答時間 20 分鐘，但二科目間休息時間相對縮短。
3. 以原答案卡放大 A4 紙之影本，或逕以空白答案紙作答選擇題。

4.提供視障考生以放大之影印試題本應試。

5.提供視障生「點字試卷電子檔」選項申請作答,僅於第一次測驗提供是項
服務,第二次測驗不提供。

6.准用擴視機、放大鏡、點字機、調頻助聽器、盲用算盤(不具計算功能,
應附照片供審核),上述各項准予考生自備使用。

7.可使用盲用電腦及列表機。

8.現場報讀服務。

9.重謄答案卡。

10.行動不便者安排在一樓或設有電梯之試場應試。

11.特殊桌椅(桌高____公分,桌面長寬____公分×____公分)。

12.其他。

　　在 IEP 中也應該將考試調整的方式敘述進去,供需要參考的相關人員使
用,通常考試調整的方法包括延長考試時間、改變考試地點、改變報告方式
與改變應答方式等四種,茲敘述如下:

1.延長考試時間:包括延長考試時間、允許考試中途休息、允許在不同時間
考試等。

2.改變考試地點:允許學生在不同地點考試、允許學生在比較小一點的房間
考試。

3.改變報告方式:允許使用大字體報告、使用錄音帶說明指導語與唸題目、
使用應試者慣用語。

4.改變應答方式:允許使用點字回答、允許使用手語回答、允許使用老師或
第三者代答方式、允許使用輔具協助應答。

　　如果發現學生在考量各種考試調整方式後,仍然無法參加考試,或該考
試並無法測量出學生真正的程度時,此時 IEP 要註明:

1.為什麼這個評量不適用於這位學生?

2.這個孩子將要如何被評量?

二、課程調整

　　課程調整的內容也應盡量在 IEP 中呈現出來，以供進行融合教育時給普通班教師參考，例如課程調整範圍可用下表表示，當學生在某一方面有需要調整時，則在該項目打勾或（並）以文字加以說明。

❖ 表 9-3-1　IEP 課程調整設計示例 ❖

學業輔導	
□作業調整：	□輔具提供：
□評量調整：除紙筆測驗，增加口試與實作評量。	□同儕輔導：派請小老師協助課業，並多舉行小組活動。
□座位調整：距離講桌最近或門口最遠的位置，並派小老師坐在旁邊。	□分組方式調整：
□課程與教材調整：	□其他：

 總 結

　　IEP 通常具有評鑑特殊教育績效的性質，而融合教育反映出人權的理念，也是當今教育的趨勢，因此要了解融合教育實施的成效，IEP 是其中一個管道。本章提供 IEP 中融合教育的撰寫方式，並提供相關例子，希望能協助老師在敘寫 IEP 融合教育項目時參考，也期望有助融合教育的實施。

Q&A

（B）*1.* 職能治療師在執行個別化教育計畫時，若提供的服務方式是由他們教

導其他人員，例如教師或主要照顧者來執行訓練，並且定期討論是否調整訓練的方法或內容，此方式為下列哪一項？

(A)直接治療

(B)間接治療

(C)諮詢服務

(D)協同服務

（95 年度教師資格檢定考題）

（D）2. 對智力正常的腦性麻痺學生的學習評量應作何種彈性調整？

(A)讀報服務

(B)提供特殊照明

(C)放大試題字體

(D)適度延長作答時間

（95 年度教師資格檢定考題）

3. IEP 中融合教育應該考慮的五個 W 為何？

4.試寫出考試調整的其中五個方法。

參考文獻

李翠玲（2005）。**特殊教育教學設計**（初版六刷）。台北市：心理。

林素貞（1999）。**如何擬訂「個別化教育計畫」**。台北市：心理。

Gartin, B. C., & Murdick, N. L. (2005). IDEA 2004: The IEP. *Remedial and Special Education, 26*(6), 327-331.

Gerber, M. M. (1994). Postmodernism in special education. *The Journal of Special Education, 28*(3), 368-378.

Gibb, G. S., & Dyches, T. T. (2000). *Guide to writing quality Individualized Education Programs.* Boston, MA: Allyn & Bacon.

Tod, J. (1999). IEPs: Inclusive educational practices? *Support for Learning, 14*(4), 184-188.

第十章

ＩＥＰ目標達成評量與成績報告設計

　　IEP 是實施適性教育的依據，Bateman 和 Linden（2006）認為，IEP 的過程是特殊教育法令的中心與靈魂；Gibb 和 Dyches（2000）則認為，寫 IEP 的主要目的除了能符合法令規定外，還可以透過 IEP 的過程凝聚各專業人員的共識，完成跨專業團隊合作，並說明學生進步情形與教育當局投入程度。IEP 的過程必須包括評估達成 IEP 目標情形，這樣不但有助教師隨時視學生狀況調整教學，同時也可定期讓家長知道其孩子的進步情形，使家長能掌握孩子的學習狀況。因此，要如何在 IEP 中有效地將 IEP 目標完成情形評量出來，使得與孩子相關的人員能了解與看懂 IEP，就成了 IEP 過程最後的任務。針對 IEP 歷程的最後評量階段，本章首先敘述特殊教育相關法令中有關 IEP 目標評量的規定，接著說明評量 IEP 目標完成情形的方法，並提供美國在執行 IEP 過程中給家長的成績報告（Parent's Progress Report），提供國內參考，以助實務工作者觀念之啟發與撰寫之參考。

第一節

法令規定

　　IEP 成效評估是法有明文的項目，也是檢驗 IEP 是否能發揮其功用與學生是否得到適性教育的一個措施，在實施IEP的國家大多是透過法令規範IEP目標達成率之實施，茲分為美國與我國法令探討如下：

一、美國

在《IDEA 2004》法案中規定，IEP 的年度目標是以一年檢討一次為原則，但可以視需要增加次數，在年度檢討會議中，重點要強調學生年度目標是否達成，並就 IEP 目標執行情形在會議中修正 IEP 的內容。而約有五分之一的特殊學生（即使用替代評量的特殊學生）同時還須註明短期目標的進步情形（Bateman & Linden, 2006; Gartin & Murdick, 2005）。

《IDEA '97》與《IDEA 2004》的法令都特別強調，IEP 中要定期給家長成績報告，使家長能知道孩子在校表現，因此學校必須比照普通班發給父母的成績報告時間，定期向學生家長報告學生在校朝著 IEP 目標進步的情形（Bateman & Linden, 2006; Gibb & Dyches, 2000）。

二、台灣

我國的《特殊教育法施行細則》中第 19 條規定：「個別化教育計畫，學校應於身心障礙學生開學後一個月內訂定，每學期至少檢討一次」，每學期至少檢討一次的主要目的就是要檢討 IEP 目標達成情形，通常學校會選在學期末召開 IEP 檢討會議，並就學生的 IEP 目標達成情形提出探討。但部分家長因為工作因素或其他因素，並不一定會出席 IEP 檢討會議，因此如果沒有像美國一樣，定期給家長成績報告，家長就較難被正式告知有關他們的孩子在學校學習與進步情形。因此就家長被正式告知的權益部分，我國法令的規定仍有待補強。

在《特殊教育法施行細則》第 18 條第九款有關 IEP 應包括下列事項中，包含「學期教育目標是否達成之評量日期及標準」，這是強調 IEP 的目標必須根據所定出來的標準在期限內評量完成。

比較美國與台灣有關評量 IEP 目標的法令規定發現，兩者比較大的不同是在家長被告知學生進步之部分，美國法令規定得比較具體，台灣的部分則較不明確。目前國內特殊學生的家長也愈來愈重視自己權益，美國的經驗值

得我們參考。到底要交給家長看的有關IEP目標達成情形的學生成績報告該如何寫？IEP目標評量的部分要包括哪些撰寫要點，才能真正能顯示出IEP目標評量的結果？以下就實務上有關給家長的成績報告與IEP目標評量的方法說明。

第二節

成績報告之設計

　　如前所述，國內並未有具體規定有關發予家長IEP成績報告的作法，以下就以美國的作法作為說明的例子，期望能對我國IEP評量有啟示作用。根據美國法令規定，在召開學生的IEP會議之前，必須發給家長通知書，在通知書中必須告知家長以下內容：

1. 每一位學生的年度目標是如何被評量的。
2. 每一位學生的家長將會像普通學生的家長一樣，定期收到孩子的成績報告，以說明他們的孩子在校進步情形。

　　在定期給家長的成績報告書中，必須向家長解釋兩件事，一是解釋學生是如何達成IEP的目標，二是到年度結束之前學生到底有多少進步的幅度。今就以評量方式與進步幅度寫法說明如下：

一、學生進步狀況評量方式

　　要如何知道學生進步的幅度呢？Gibb和Dyches（2000）認為，下列七種方式能夠提供學生進步資料的來源：

1. 符合幾個短期目標數目
2. 符合幾個長期目標數目
3. 學生的學習檔案
4. 小考、大考的結果
5. 每日／每週進步圖表

6. 前測／後測結果

7. 全國性與地方性聯考結果

　　以上七種方式可以提供學生在校學習的情況，有關定期通知家長的方式採取下列幾種方法（Gibb & Dyches, 2000）：

1. IEP 報告卡，在該卡中指出，發給家長的時間必須與普通教育發給家長成績單的時間一樣，且在該卡中必須指明學生的 IEP 目標進展情形。

2. 親職會議（老師與家長座談）。

3. 定期給父母信件與打電話給家長告知學生進步情形。

二、進步幅度

　　給家長看的成績報告書通常使用五點量表、四點量表、分等級或用百分比，來表示 IEP 目標達成的程度，也可以互相混合使用，其中四點量表的使用方式為「尚待加強」、「一些進步」、「進步很多」、「完成目標」等，這些寫法可以用在每一個 IEP 的年度目標，以表示 IEP 目標達成的幅度。如果老師覺得僅有這樣的成績單可能太簡單，也可以加上具體的文字敘述，以質性方式來說明。例如，學前階段自閉症阿福的成績報告是採取四點量表（零級、初級、中級、高級）與統計 IEP 目標達成情形（百分比）（見表10-2-1）。

❖ 表 10-2-1　2004 年阿福的成績報告書歸納 ❖

編號	需求	目標個數	IEP 目標	零級（0%）	初級（1-49%）	中級（50-99%）	高級（100%或以上）
1	溝通	3	要東西的用詞			∨ ∨	∨
2	溝通	3	要求		∨	∨ ∨	
3	溝通	3	用圖、字問問題		∨	∨ ∨	
4	認知	3	數概與字彙		∨	∨	∨
5	認知	3	PECS/Words	∨ ∨		∨	
6	自理	3	功能性				∨ ∨ ∨
合計		18			5（27.8%）	8（44.4%）	5（27.8%）

從上表阿福的 IEP 目標達成率發現，他比較需要加強溝通領域，所以安排了九個有關溝通的年度目標，認知的目標有六個，生活自理有三個。在達成IEP目標的比例上，沒有「零級」，顯然在這一年裡阿福的學習狀況頗佳，初級與高級各占 27.8%，中級占 44.4%，顯示阿福呈現穩定的進步。老師給家長的成績報告單還包括阿福的質性評量，其中三次的定期報告如下：

阿福成績報告敘述：

01/30/2004

1. 阿福能對簡單的口語指令做出反應，例如：站起來、坐下、過來、走、開門、關門、去拿夾克等。在給他下指令前，先讓他專心是相當重要的，因為他常常會分心。

2. 阿福溝通表達能力進步很多，他使用「圖片兌換溝通系統的句子條」來要東西及說話，他已經會用顏色，例如：「我要紅色的彩色筆。」他可以了解使用文字來標記很多不同類別的東西，他可以合併使用圖片和口語來回答：「你要什麼？」

04/08/2004

阿福在學科的先備技能方面持續進步著，雖然他的能力仍不協調，但他進步得很快。他在大人的協助下完成視覺結構化的工作，阿福會要求另一個小孩拿給他想要的玩具，他有時候會知道「輪流」玩玩具的規則；當他被帶到廁所時，會要求尿尿，他會脫下外套與背包，但穿上外套與背包仍有困難。

06/07/2004

阿福只有在大人的鼓勵下才會向其他的小朋友要東西。

有關如何判定學生在IEP目標進步的程度是多少，Gibb和Dyches（2000）提出兩種方法供判定：

1. 根據已經做到精熟的那些短期目標進步情形，來預估剩下的哪些短期目標需要多少時間來達成一個年度目標。

2. 根據已經做到精熟的那些短期目標進步情形，來預估剩下的哪些短期目標需要多少時間來達成剩下的年度目標。

Bateman 和 Linden（2006）認為，給家長的成績報告的敘述必須達到三

個標準，即要客觀（盡量量化）、扼要（但要有效）與易於了解。呈現的方法可如前述使用「尚待加強」、「一些進步」、「進步很多」、「完成目標」等方式；但 Bateman 和 Linden（2006）也指出，「一些進步」或「進步很多」這樣的敘述，是無法讓家長了解孩子真正的進步狀況。有時也可用「甲乙丙丁」（或 ABCD）來區分進步的幅度，但到底什麼樣的進步狀況才叫「C」或「B」？這些仍有待更具體的認定。通常使用量化的敘述來說明學生進步的情形，有時是需要再加上質性敘述，比較能使父母了解其孩子在校的學習進步情形。下表的成績單設計是參考及修改科羅拉多州一所學校給父母的 IEP 成績報告的例子：

❖ 表 10-2-2　成績報告（單）設計 ❖

學生姓名：王小華　　　　　　　　　　　　　報告期間：第一次段考

說明：A—尚待加強；B—一些進步；C—進步很多；D—完成目標

目標類型	內容	進步情形
長期目標	王小華能表現出適當的社交技能	
短期目標	1. 王小華能在所有情境中不打擾別人	A
	2. 王小華能在所有情境中至少一次能順從老師指令不打擾別人	A
	3. 王小華能在這段期間在結構化的情境中使用話語表達情緒的次數達到 50 次	B
備註	王小華仍舊持續進行社交技能的目標，他正逐漸發展出處理生氣的情緒技能，現在當他覺得生氣或遭受到挫折時，會向老師用口語表達他的情緒，但他仍要再學習如何和同學相處的情緒技能，以便有利小組學習活動。	

第三節

形成性和總結性評量

　　我國目前 IEP 目標的評量常作為教師評估教學效果之用，告知家長部分大多僅有在期末 IEP 檢討會議或期初 IEP 會議中，以口頭或文字敘述學生進步狀況，而定期正式告知家長部分則比較不常見。未來考量家長權益與適時提供教師教學省思，可考慮設計學生的正式成績報告（單），其發出時間盡量以普通班月考或段考的成績公布時間為依據。

　　IEP 的目標通常分為長期目標與短期目標，因此在評量 IEP 目標達成情形時，也是針對這兩種目標的特性而設計，包括短期目標使用形成性評量，長期目標使用總結性評量。形成性評量（Formative Evaluation）是用以了解教學實況，幫助掌握教學品質；總結性評量（Summative Evaluation）是用以評定學生的成績等第，每位學生都有符合其學習能力的「目標」，凡是肯努力的學生都可以得到 A 等成績，這也就是所謂的「無失敗的學習」與「成就感的教學」（蔡阿鶴，1998）。

　　在 IEP 中，總結性的評量較適合長期目標或整個大單元活動設計的評量，形成性評量則較適用於短期目標或細分教學活動步驟的評量。透過形成性評量，可在學期教學中了解學生學習進步的狀況，提供教師調整教學，修正教材教法，使教學更有效進行，以作為調整剩下的短期目標之依據。總結性的評量主要是檢討學生的終點行為是否達到預期效果，常使用於年度目標、學年目標或學期目標的評量。

　　形成性評量係針對所擬定的目標實施有系統的持續性評量，例如每週一次，或每一、二週一次，在 IEP 目標的形成性評量中，有些教師會以一個月一次為基準，或根據普通班段考或月考的時間來評量。

　　進行 IEP 目標評量時，為了強調客觀評量，除了評量結果外，還要有評量日期、評量方法與評量標準，如果使用代號，則一定要在 IEP 上面註明代號所代表的意義，以便家長或其他非特殊教育專業人士閱讀。以下就以 IEP 評量要項中的評量日期、評量標準與評量方式說明其敘寫重點，並針對國內

IEP 常出現的問題提出偵錯與修正建議。

一、評量日期

評量 IEP 目標達成情形時，必須將評量當日的日期寫上，美國的作法是採用年度（學生出生月日）為長期目標的期限，我國則常使用一學期或一學年為 IEP 長期目標期限。為了掌控學生的進步狀況，必須進行定期評量，例如以一個年度為單位時，定期評量就為一個年度的第三、六、九月（鄭麗月，1996），如以一學期為單位，則建議以每個月或每一個半月定期評量為宜，評量日期也應盡量以普通班段考或月考的日期當成定期評量IEP目標的日期。我國 IEP 中常出現的評量日期問題如表 10-3-1。

❖ 表 10-3-1　IEP 評量日期寫法偵錯與修正建議示例 ❖

現況描述	問題偵錯	缺失與修正建議
供兩次評量之欄位設計	◎無法做彈性評量次數之加減	◎至少每月應做一次形成性評量較恰當，故每學期應至少設定四次評量欄位較妥
評量日期一欄空白	◎可能評量後忘了填寫日期或無確實評量，如此則無法看出學生進步情形以修正目標	◎應定期評量並將日期填上
評量日期：全學年	◎評量日期使用起迄時間（全學年），無法進行形成性評量	◎應寫當天評量之日期

資料來源：李翠玲（2006：12）

二、評量標準

評量標準的制訂強調「量化」的標的，以方便比對出學生進步情形，較常用的方法包括百分比法或次數／時間長短、五點量表、圖示法等。

㈠百分比法

1.

代號分數	完成程度
1	完全協助
2	25%獨立完成
3	50%獨立完成
4	75%獨立完成
5	100%獨立完成

2.

代號	完成程度
1	100%精熟
2	80%精熟
3	60%精熟
4	不及 50%精熟度

3.

代號	完成程度
○	達成 80%以上
△	達成 60-80%
╳	未達成 60%

使用百分比法時應該視 IEP 目標的性質而變動，不宜全部 IEP 目標都使用百分比的標準，例如，生活教育或職業等有關技能的目標，則使用次數或時間方式比使用百分比方式清楚，學業、認知領域則可適用百分比法。

㈡五點量表法

代號分數	完成程度
5	獨立完成
4	口語提示
3	少許協助
2	半協助
1	有嘗試意願

㈢圖示法

　　將學生IEP目標項目的標準訂為100%（五格），畫在方眼紙中（或其他有細格紙），然後將學生的進步情況換算成百分比，塗在條狀中，這種方式可以表達 IEP 的內容、進度與過程的相互關係，且容易評估教學成果，讓一般人士及家長一目了然地了解其整個教育過程與學生 IEP 目標達成狀況。例如，小華會寫名字的目標達成率為 80%，100%是預估的評量標準，將長條圖分為五格，目標達成率 80%占其中四格，圖示如下：

$$5 格 \times 80\% = 4 格$$

會寫自己的名字

　　根據上述 IEP 評量標準的撰寫原則，對照國內常見的 IEP 目標評量的問題，發現其中較常出現的問題類型包括三類：⑴缺少評量標準；⑵評量標準設定不夠具體；⑶評量標準設定過高，學生能力難以達成（李翠玲，2006），詳見表 10-3-2。

　　如果經過教學及評量後發現學生能在期限內完成 IEP 目標，且還有剩餘時間，這就表示可能當初所設定的目標有低估現象，此時應可進行下一目標之進度，但同時也應檢討未來 IEP 之目標是否也有低估現象，再朝加深加廣的目標增加。

❖ 表 10-3-2　IEP 評量標準偵錯與修正建議示例 ❖

IEP 敘述狀況		偵錯	修正建議
短期目標	評量標準		
能說出五種顏色的名稱	（空白）	◎缺乏評量標準	◎可定標準為「五次中
能將桌子擦乾淨……	（空白）	◎缺乏評量標準	有四次通過」等
（生活教育領域）		◎生活訓練之目標，	◎6-2 之評量標準可改
6-2 會用拖把拖地	75%	用次數評量比用百	為「四次中有三次通
……	75%	分比評量具體	過」
評量標準皆為 5 或 4，	5	◎評量標準訂得過	◎應修改目標將難度降
但評量結果大部分落於	5	高，遠遠高於評量	低或降低評量標準為
1~3	4	結果，顯示教師對	2 或 3
		學生了解不足	

資料來源：李翠玲（2006：13）

　　假如學生學習了三年以上仍無法達成該項 IEP 目標，即應停止而以其他目標或教學代替（鄭麗月，1996）。因此在執行 IEP 目標後，若發現學生無法完成所設立的目標時，應朝下面幾個原因去探討，並考慮修改評量標準或放棄該目標：

1. 評鑑標準是否訂得太嚴，超過學生能力太多？
2. 評鑑方法是否不當？
3. 訓練的時間不夠就開始評量？
4. 所訂目標是否不符實際？
5. 所設計之教學活動是否不當？
6. 教學資源及相關服務是否不足？

三、評量方法

　　評量方法可分為主觀與客觀方法，教師觀察是屬於比較主觀的方法，考

試或操作則屬於客觀評量，Bateman和Linden（2006）建議在評量IEP目標達成情形時，盡量採用客觀的方法會比較沒有爭議。

　　表10-3-3是有關評量方法之偵錯，包括IEP沒有註明評量方法、將數個目標寫在一起，使得評量時也須一併評量，以至於無法檢驗出學習的層次性、使用「聽出、說出、念出、做出、交出、寫出、畫出……」等不夠明確與量化的評量方法等。

❖ 表 10-3-3　IEP 評量方式之偵錯與修正示例 ❖

現況描述	問題偵錯	偵錯與修正
評量方式一欄空白	◎無法看出所用評量方法	◎應將評量方式如口述、實作……等以代號列入
實用語文之目標與評量：寫出生字、注音及認出新詞注音 生活教育：會掃地、拖地、倒垃圾	◎每一學習目標單項該分開列出，並分別評量	◎目標　　　　　評量方法 1. 會寫生字　　　紙筆 2. 會認讀所有　　紙筆 　注音符號
評量方式：聽出、說出、念出、做出、交出、寫出、畫出……	◎評量方式描寫不明確，用詞不明確	◎使用常用評量方法用詞較恰當，如：紙筆測驗、口述、觀察、操作等

資料來源：李翠玲（2006：13）

 總 結

　　IEP 目標的評量除了可由教師本身的專業能力與教學方法作檢討外，亦可由學生本身能力及他（她）所處的環境作檢討，再修正 IEP 目標與教學方法，因此這是一個評量再評量的過程，也是教學相長的歷程。至此該年度（學年、學期）IEP 的過程就告一段落，此時如果能夠圓滿達成 IEP 目標，而學生也確實進步，這一份 IEP 的設計就有其價值；但如果 IEP 目標達成率不甚

理想，此時也能幫助老師反省是不是哪個環節出問題，並據以修正 IEP 目標與教學法，以發揮適性教學的目的。

Q&A

（A）*1.* 形成性評量係針對教學效果實施有系統的持續評量，以下何者較為恰當？

(A)每週實施一至兩次

(B)每月實施一次

(C)於短期目標達成前一天實施

(D)在教學前一天實施

（D）*2.* 給家長的成績報告的敘述必須達到三個標準，下列何者不屬於此三者之中？

(A)客觀

(B)扼要

(C)易於了解

(D)使用特教術語

*3.*常用來當成 IEP 中評量標準的方法有哪幾種？試舉出其中三種說明。

參考文獻

李翠玲（2006）。國中小啟智班 IEP 可行性、一致性、清晰度與有效性分析研究。**特殊教育暨創造思考研究，3**，1-19。

蔡阿鶴（1998）。個別化教學方案介述。載於嘉義市八十七年度「**國民中小學特殊教育成果專輯**」。

鄭麗月（1996）。個別化教育方案的基本理念。載於國立台北師範學院編「**個別化教育方案 IEP**」（頁 1-10），台北市。

Bateman, B. D., & Linden, M. A. (2006). *Better IEPs* (4th ed.). Verona, WI: Attainment Co.

Gartin, B. C., & Murdick, N. L. (2005). IDEA 2004: The IEP. *Remedial and Special Education, 26*(6), 327-331.

Gibb, G. S., & Dyches, T. T. (2000). *Guide to writing quality Individualized Education Programs.* Boston, MA: Allyn & Bacon.

第十一章

ＩＥＰ編擬模式示例

　　不同的學生有不同的需求，為了符合不同需求的學生，所發展出來的IEP撰寫的模式也不盡相同，在了解前面幾章所述撰寫 IEP 的全部歷程後，本章選出三種 IEP 模式供參考，這三種 IEP 模式同時也是目前國內一些學校或中心用來使用於撰寫 IEP 的方法。

第一節

生態評量式 IEP

　　生態評量的目的如第五章所述，主要是用來評估比較重度而無法用智力測驗測出程度的學生，根據其所評估出來的資料據以發展出 IEP，但使用時可視個別狀況採取部分內容，例如，只採用其中的生態調查表，或只繪製學生生態圖，此時，也可使用於其他障礙類別或程度的特殊學生，以蒐集學生環境資料，例如，台北市公定資源班IEP表格則包含：家庭生活環境調查表、學校生活環境調查表與社區生活環境調查表，這些表格即屬於生態評量方式。另外，個別化重要技能模式（ICSM）（李淑貞譯，1998）、國小中重度智障兒童功能性教學活動設計（郭色嬌、徐淑芬，1998）、生態課程 IEP（鈕文英，2000；陳靜江，1997）均屬於此類模式之利用。下列是生態評量模式IEP相關內容與編擬的步驟整理分析：

一、**原理**：強調功能性課程的應用，以利個人在其生態環境中潛力的發揮。

二、**使用者**：啟智學校、啟智班（部分使用於資源班）。

三、適用對象：中、重度智障、多重障礙、其他特殊兒童（以生態環境為主者）。

四、優點：

1. 尤其對於無法完成智力測驗的學生，能透過日常行為的觀察找出其起點能力。

2. 方便學生在生活環境之適應。

3. 方便編寫功能性及生活化課程。

五、缺點：

1. 教師需要花費較多的時間評估環境，制訂教學目標。

2. 教師需花很多時間實地觀察。

3. 常需戶外教學，需行政及社區資源的配合。

4. 教師要有創造力。

5. 需用較多的輔具。

六、配套：

1. 要透過觀察紀錄。

2. 要進行家庭訪談。

3. 需要戶外教學。

七、方法：

案例：張小明為○○國小啟智班二年級的學生，早上在啟智班上課，下課則回家。

家庭狀況：與父母和一位弟弟同住。

八、生態評量式 IEP 編擬步驟：

步驟一：起點行為評量

1. 上課日典型作息紀錄（見表 11-1-1）：

首先針對張生星期一至星期五上課時間任抽取一天（本案例抽取星期二），觀察其起床至就寢之所在的主要環境、次要環境，及在環境所從事的活動等，並記錄下張生在活動中之主要表現。評量其能力以完全會打 V、需要協助打△、完全不會打×等做紀錄，再針對需要協助與完全不會等項目，依其是否適齡、生活化、功能性等列出教學優先順序。

❖ 表 11-1-1　上課日典型作息紀錄表 ❖

班級：○○國小啟智班　　　　　　　　　填表者：陳○○、李○○

學生姓名：張小明　　　　　　　　　　　日期：91.3.12（星期二）

主要環境	次要環境	活動	大約時間	是否適齡	學生在活動中的主要表現（V 完全會；△需要協助；×完全不會）	教學優先順序（1、2、3）
家庭	浴室臥室	起床梳理穿戴衣物	06：30	是	（V）1. 會自己起床 （△）2. 會自動整理衣物、棉被 （△）3. 會自動刷牙、洗臉等梳洗工作 （△）4. 會自己穿戴衣物	3 2 1
家庭	餐廳	早餐	06：50	是	（V）1. 會自行用餐	
	校車	上學	07：10	是	（△）1. 會自行到上車地點 （V）2. 會認識數字 0-9，能辨識校車編號	1
學校	教室	到校集合	07：30	是	（V）1. 到校後會自行進入教室 （V）2. 會拿出聯絡簿放在老師的桌上 （V）3. 會自己排路隊進入集合地點 （△）4. 集會時，會保持肅靜	 1
學校	教室	晨間活動生活教育	07：40	是	（V）1. 學習意願高，上課認真 （△）2. 情緒穩定 （△）3. 會辨認與選擇清潔用具 （V）4. 會打掃教室及班級清潔區域	 2 1
學校	福利社	下課：買鮮奶一瓶 20 元	08：20	是	（V）1. 會從教室走到福利社 （△）2. 會告知店員自己想買的東西 （△）3. 會拿正確數目的錢給店員	 2 1

（續）

學校	教室	上課： 實用語文	08：30	是	（△）1. 有口語能力 （△）2. 能接受和表達日常基本用語 （△）3. 能發表自己的意見 （×）4. 會敘述事情經過大意 （×）5. 認識常用國字 50 字以上 （×）6. 有基本書寫能力	2 1 3
學校	廁所	下課： 上廁所	09：10	是	（V）1. 會自行從教室走到廁所 （△）2. 如廁自理良好	 1
學校	教室	上課： 社會適應	09：20	是	（×）1. 社交技巧 （×）2. 有領導能力 （×）3. 會使用社區交通工具 （△）4. 能到學校餐廳領取午餐餐盒 （△）5. 能依指示到各處室拿公物 （△）6. 會至保健室擦藥 （△）7. 能接聽電話 （×）8. 能打電話給老師、同學 （△）9. 能至社區附近的超商購物	 1 3 2
學校	教室外	下課： 玩球	10：00	是	（V）1. 會拿籃球到籃球場 （△）2. 會練習投籃 （△）3. 會聽上課鐘聲回教室	 2 1
學校	教室	上課： 休閒教育	10：10	是	（△）1. 體能及技巧性活動良好 （△）2. 喜歡聽音樂，音感、節奏感良好 （V）3. 學習認真 （△）4. 喜歡畫畫、會著色、會簡單圖案等	2 3 1
學校	教室	下課： 玩耍	10：50	是	（V）1. 會自己找玩具玩 （×）2. 會找同學聊天	 1

（續）

學校	教室	上課：實用數學	11：00	是	（×）1.會數數（10-20） （×）2.認數（10-20） （×）3.唱數（10-20） （×）4.寫數（10-20） （×）5.數量的概念 （×）6.有圖形與空間概念	1 2 3
學校	教室	午餐	11：50	是	（V）1.會用湯匙或筷子自己吃飯 （△）2.飯後會把桌面清理乾淨	 1
	校車	回家	12：30	是	（△）1.會自行到上車地點 （V）2.會認識數字 0-9，能辨識校車編號	1
家庭	臥室	午睡	13：00	是	（V）1.會自己走到臥室去 （△）2.會自行蓋被子	 1
社區	公園或家門口	去公園玩騎單車打球	15：00	是	（△）1.會自己到公園玩 （×）2.會騎單車 （△）3.會自己打球 （×）4.會邀同伴一起打球 （×）5.不需要大人在旁陪伴 （×）6.會玩剪刀、石頭、布	1 2 3
家庭	浴室	洗澡	17：30	是	（△）1.會自己穿、脫衣物 （△）2.會調適當的水溫洗澡 （V）3.會自己拿肥皂在身上塗抹 （V）4.以水將身體沖洗乾淨	1 2
家庭	餐廳	吃晚餐	18：00	是	（△）1.會自己夾菜到碗中 （×）2.不挑食 （△）3.吃飯時能保持安靜	1 3 2

（續）

家庭	客廳	看電視	19：00	是	（×）1.會選擇自己想看的節目	2
					（△）2.會尊重家人的選擇	1
					（×）3.會跟著曲子哼唱	3
					（V）4.會保持愉快的心情	
					（V）5.會跟家人一起泡茶	
家庭	書房 臥室	看故事書 玩積木	20：30	是	（V）1.喜歡看故事書	
					（×）2.能看懂故事內容	1
					（V）3.會選自己想看的書	
					（V）4.會主動去找故事書	
					（△）5.會安靜自己完成積木	2
					（V）6.喜歡畫畫	
家庭	浴室 臥室	刷牙洗臉 就寢	21：00	是	（△）1.會自動刷牙、洗臉等梳洗工作	1
					（V）2.會自己攤開棉被準備睡覺	
					（△）3.會自己關大燈	2

2. 假日典型作息紀錄（見表 11-1-2）：

針對張生星期六與星期日假日時間任抽取一天（本案例抽取星期六），觀察其起床至就寢之所在的主要環境、次要環境，及在環境所從事的活動等，並記錄下張生在活動中之主要表現。評量其能力以完全會打V、需要協助打△、完全不會打×等做紀錄，在針對需要協助與完全不會等項目，依其是否適齡、生活化、功能等列出教學優先順序。

❖ 表 11-1-2　假日典型作息紀錄表 ❖

班級：○○國小啟智班　　　　　　　　　　填表者：陳○○、李○○

學生姓名：張小明　　　　　　　　　　　　日期：91.3.16（星期六）

主要環境	次要環境	活動	大約時間	是否適齡	學生在活動中的主要表現 （V完全會；△需要協助；×完全不會）	教學優先順序 （1、2、3）
家庭	浴室 臥室	起床 梳理 穿戴衣物	08：00	是	（V）1. 會自己起床 （△）2. 會自動整理衣物、棉被 （△）3. 會自動刷牙、洗臉等梳洗工作 （△）4. 會自己穿戴衣物	 3 2 1
家庭	餐廳	早餐	08：30	是	（V）1. 會自行用餐	
社區	菜市場	自由活動 買菜	09：00	是	（V）1. 會用手指出自己喜歡吃的食物 （V）2. 會幫媽媽提菜籃 （V）3. 會跟著媽媽挑選蔬菜和水果 （×）4. 會付款	 1
家庭	餐廳	午餐	12：00	是	（V）1. 會用湯匙或筷子自己吃飯 （△）2. 飯後會把桌面清理乾淨	 1
家庭	臥室	午睡	13：00	是	（V）1. 會自己走到臥室去 （△）2. 會自行蓋被子	 1
社區	親友家 鄰居家	拜訪親友 或鄰居	15：30	是	（△）1. 會主動與親友鄰居打招呼 （△）2. 在親友或是鄰居家會保持禮貌不干擾別人 （×）3. 會適度地與親友或鄰居聊天	2 1 3

（續）

家庭	浴室	洗澡	17：30	是	（△）1.會自己穿、脫衣物	2
					（△）2.會調適當的水溫洗澡	1
					（V）3.會自己拿肥皂在身上塗抹	
					（V）4.以水將身體沖洗乾淨	
家庭	餐廳	吃晚餐	18：00	是	（△）1.會自己夾菜到碗中	1
					（×）2.不挑食	3
					（△）3.吃飯時能保持安靜	2
家庭	客廳	看電視	19：00	是	（×）1.會選擇自己想看的節目	2
					（△）2.會尊重家人的選擇	1
					（×）3.會跟著曲子哼唱	3
					（V）4.聽到音樂會跟著打節拍	
					（V）5.會保持愉快的心情	
					（V）6.會跟家人一起泡茶	
家庭	浴室 臥室	刷牙洗臉 就寢	21：30	是	（△）1.會自動刷牙、洗臉等梳洗工作	1
					（V）2.會自己攤開棉被準備睡覺	
					（△）3.會自己關大燈	2

3.個案環境生態圖（見圖 11-1-1）：

依據上列兩紀錄表繪成張小明環境生態圖，內容分為家庭、學校、社區三部分。

4.將張小明於生態評量之結果（表 11-1-1、表 11-1-2、圖 11-1-1）整理出其起點能力之描述，並歸納於啟智教育六大領域內，如下：

生活教育：1.會自己起床，但刷牙、盥洗、穿脫衣物需要協助。

2.會自行用餐，但吃飯的時候喜歡邊吃邊說話，須建立其飲食習慣與衛生的能力。

3.如廁的能力尚需要協助，但會自行走到廁所去。

家庭

家人：父—張○○
　　　母—陳○○
　　　弟—張○○

學校

星期 節次	一	二	三	四	五
晨間活動：生活教育					
1	社會適應	實用語文	休閒教育	實用語文	實用數學
2	職業生活	社會適應	實用語文	實用數學	實用語文
3	實用語文	休閒教育	實用數學	社會適應	社會適應
4	實用數學	實用數學	社會適應	休閒教育	休閒教育
午餐					

特教班任教老師及科目
陳老師：實用語文
　　　　實用數學
　　　　生活教育、社會適應
李老師：生活教育、社會適應
　　　　休閒教育
　　　　職業生活

上課日典型作息：

06：30　起床
06：50　吃早餐
07：10　上學
07：30　到校集合
07：40～11：50 上課
11：50　午餐
12：30　回家
13：00　午睡
15：00　去公園玩
17：30　洗澡
18：00　吃晚餐
19：00　看電視
20：30　看書、玩積木
21：00　刷牙洗臉、就寢

假日典型作息：

08：00　起床、梳洗
08：30　早餐
09：00　自由活動（上菜市場）
12：00　吃午餐
13：00　睡午覺
15：30　自由活動（作客）
17：30　洗澡
18：00　吃晚餐
19：00　看電視
21：30　刷牙洗臉、就寢

社區

偶爾由母親帶到鄰居家拜訪，會跟小朋友們一起玩遊戲。

❖ 圖 11-1-1　張小明之環境生態圖 ❖

社會適應： 1.對於陌生的環境或人表現被動也不理人，需要花很長一段時間才願意投入新環境中。

2.人際關係差，常常自己玩玩具，不會主動邀同伴或找同學聊天。

實用語文： 1.在接聽電話或表達自己需求時，須在協助下才能接受與表達日常基本用語。

2.基本書寫能力不佳，須在旁牽著他的手書寫。

實用數學： 1.會認數字 0-9，有 10 以內數的概念。

2. 10 以上數的概念尚未建立。

休閒教育： 1.喜歡畫畫，常常拿起彩色筆在圖畫紙上漫無主題地隨意著色。

2.喜歡聽兒歌，但不會跟著打拍子或哼唱。

職業生活： 1.不會主動參與團體活動，獨來獨往。

2.用過的用具會隨手丟，不會歸回原位。

步驟二：長短期目標之編擬

1.根據生態評量結果，張生在各領域教學優先順序歸納如下表：

生活教育：

優先一	優先二	優先三
會自己穿戴衣物*	會自動刷牙、洗臉等梳洗工作*	會自動整理衣物、棉被
會清潔用具的辨認與選擇*	情緒穩定	不挑食
如廁自理良好*	會調適當的水溫洗澡	會自己關大燈
飯後會把桌面清理乾淨*	吃飯時能保持安靜	
會自行蓋被子	會選擇自己想看的節目	
會自己穿脫衣物		
會自己夾菜到碗中		
會尊重家人的選擇		

* 為考慮列入 IEP 長期與短期目標者。

社會適應：

優先一	優先二	優先三
會自行到上車地點*	會至保健室擦藥*	能依指示到各處室拿公物*
集會時，會保持肅靜	會主動與親友鄰居打招呼*	會邀同伴一起打球
能到學校餐廳領取午餐餐盒*		會適度地與親友或鄰居聊天*
會聽上課鐘聲回教室*		
會找同學聊天		
在親友或是鄰居家會保持禮貌不干擾別人*		

* 為考慮列入 IEP 長期與短期目標者。

實用語文：

優先一	優先二	優先三
能接受和表達日常基本用語*	有口語能力	能發表自己的意見
能看懂故事內容	會告知店員自己想買的東西	

* 為考慮列入 IEP 長期與短期目標者。

實用數學：

優先一	優先二	優先三
會拿正確數目的錢給店員*	認數（10-20）	唱數（10-20）
會數數（10-20）*		
會付款*		

* 為考慮列入 IEP 長期與短期目標者。

休閒教育：

優先一	優先二	優先三
喜歡畫畫、會著色、會簡單圖案等*	會練習投籃*	喜歡聽音樂，音感、節奏感良好*
會自己到公園玩	體能及技巧性活動良好	會跟著曲子哼唱*
	會自己打球	
	會安靜自己完成積木	

* 為考慮列入 IEP 長期與短期目標者。

職業生活：

優先一	優先二	優先三
能有良好的工作習慣與態度*	會將工具歸放原位	

* 為考慮列入 IEP 長期與短期目標者。

2.編擬各領域 IEP 長期目標及短期目標：

生活教育：將生態評量結果表提列 IEP 會議討論，再根據 IEP 會議結論參考學生、家長需求及課程規劃，選出「會自己穿戴衣物」、「會如廁自理」、「會盥洗工作」、「會做好環境整理工作」等四項，列為生活教育領域之 IEP 長期目標。

社會適應：根據生態評量結果之社會適應教學優先順序歸納表中打「*」者，整理為「有良好人際關係——做客」、「有良好人際關係——待客」、「能認識鄰居朋友」、「認識學校各個地點」等四項，將其列於社會適應領域之 IEP 長期目標。

實用語文：考量張小明之起點能力描述及實用語文教學優先順序歸納表中打「*」者的內容，編擬實用語文領域之 IEP 長期目標

　　　　　為「會接聽電話」、「能有基本的社交會話」、「能認識學過的語詞」、「能執筆寫字」等四項。

實用數學：將生態評量結果表提列 IEP 會議討論，再根據 IEP 會議結論參考學生、家長需求及課程規劃，選出「能填寫數字」、「會比大小」、「能認識錢幣」、「能使用金錢與消費」等四項，列為實用數學領域之 IEP 長期目標。

休閒教育：考量教學優先順序之項目及休閒教育領域課程安排之均衡性（含音樂、體育、美術），故編擬休閒教育領域之 IEP 長期目標為「會唱歌、跳舞」、「會敲擊樂器」、「會做體能遊戲」、「會繪畫、作品欣賞」等四項。

職業生活：張小明現為國小二年級年紀的學生，職業生活應著重在職業陶冶，且課表中每星期安排一堂課，故 IEP 目標可透過種花的活動，以培養其具有良好的工作習慣與態度。

步驟三：評量 IEP 目標

1. 形成性評量：

評量方式：A—紙筆　B—問答　C—觀察　D—操作　E—其他

評量標準：1.　5 次機會中 1 次通過

　　　　　2.　5 次機會中 2 次通過

　　　　　3.　5 次機會中 3 次通過

　　　　　4.　5 次機會中 4 次通過

　　　　　5.　5 次機會中 5 次通過

評量結果：〇—通過（評量結果標準 4～5）

　　　　　×—不通過（評量結果標準 1～3）

2. 各項長期目標總結性評量：

例如：生活教育之「會穿戴衣物——上衣」評量方法為

$$\frac{達成短期目標總數}{短期目標總數} \times 100\% \Rightarrow \frac{7（以第三次形成性評量為準）}{8} \times 100\%$$

＝ 87.5%（四捨五入為 88%）

其餘項目總結性評量百分比算法類推。

3.學期總成績：

算法：$\dfrac{\text{達成教學目標數}}{\text{教學總數目標數}} \times 100\%$

生活教育：$\dfrac{7+7+7+8}{8+9+9+9} = \dfrac{29}{35} = 82.85\%$（四捨五入為 83%）

社會適應：$\dfrac{7+7+7+4}{8+8+8+6} = \dfrac{25}{30} = 83.33\%$（四捨五入為 83%）

實用語文：$\dfrac{5+5+4+3}{6+6+4+4} = \dfrac{17}{20} = 85\%$

實用數學：$\dfrac{5+3+5+6}{6+4+6+6} = \dfrac{19}{22} = 86.36\%$（四捨五入為 86%）

休閒教育：$\dfrac{6+4+8+5}{7+5+9+6} = \dfrac{23}{27} = 85.19\%$（四捨五入為 85%）

職業生活：$\dfrac{6}{8} = 75\%$

步驟四：教學決定

　　針對各領域每一短期目標項目之三次形成性評量，如果第三次之評量結果為通過「○」，則教學決定為「停止」（代號為「S」），如果為不通過「×」，則教學決定為「繼續」（代號為「C」）。

九、張小明之 IEP 總結以上步驟呈現如下：

（一）生活教育

姓名		張小明	年級	■國小　□一　□四　□甲　□丁 □國中　■二　□五　□乙　■戊 □高職　□三　□六　□丙　班					
領域		生活教育	教學者	李○○、陳○○					

短期目標【月】	起迄日期	評量%	長期（學期）目標： 1.能增進生活自理能力 2.能增進整理環境能力	評量方式	評量標準	形成性評量			教學決定
會穿脫衣物	91、3、1～91、3、31	88%	1.會分辨衣服的正反面	D	5	3/04 ×	3/06 ×	3/08 ○	S
			2.會穿有拉鍊外套	D	5	3/05 ×	3/07 ○	3/11 ○	S
			3.會脫有拉鍊外套	D	4	3/08 ×	3/12 ○	3/14 ○	S
			4.會使用扣子扣衣服	D	5	3/11 ×	3/13 ○	3/15 ○	S
			5.會穿襪子	D	5	3/11 ×	3/14 ○	3/15 ○	S
			6.會脫襪子	D	5	3/15 ×	3/18 ○	3/20 ○	S
			7.會繫及解皮帶	D	4	3/21 ×	3/25 ×	3/27 ×	C
			8.會對著鏡子整衣	D	5	3/27 ○	3/28 ○	3/29 ○	S
			1.能分辨男女廁所標示	D	5	4/01 ×	4/03 ×	4/05 ×	C

（續）

能如廁	91、4、1〜91、4、30	78%	2.入廁所前會敲門	D	5	4/02 ✕	4/04 ◯	4/05 ✕	C
			3.入廁所後會鎖門	D	4	4/04 ✕	4/08 ✕	4/11 ◯	S
			4.會表達如廁意願	D	5	4/09 ✕	4/12 ◯	4/15 ◯	S
			5.能獨力找到公共廁所	D	4	4/11 ◯	4/15 ◯	4/18 ◯	S
			6.會使用便器	D	5	4/15 ✕	4/17 ◯	4/19 ◯	S
			7.會沖水	D	5	4/18 ✕	4/22 ✕	4/24 ◯	S
			8.會至洗手台洗淨雙手	D	5	4/22 ◯	4/23 ◯	4/26 ◯	S
			9.會擦乾雙手	D	5	4/26 ✕	4/29 ◯	4/30 ◯	S
能增進盥洗能力	91、5、1〜91、5、31	78%	1.會開水龍頭	D	5	5/01 ✕	5/03 ◯	5/06 ◯	S
			2.會自己洗臉	D	5	5/02 ◯	5/07 ◯	5/09 ◯	S
			3.會自己刷牙	D	5	5/08 ✕	5/10 ✕	5/14 ◯	S
			4.會自己洗澡	D	5	5/13 ✕	5/15 ◯	5/17 ◯	S
			5.會自己洗頭	D	5	5/16 ◯	5/20 ◯	5/22 ◯	S
			6.會搓洗毛巾	D	5	5/17 ✕	5/21 ✕	5/23 ◯	S

（續）

						5/20	5/23	5/24	
			7.會關閉水龍頭	D	5	×	○	×	C
			8.會擰乾毛巾	D	5	5/24	5/27	5/29	C
						×	○	×	
			9.會清理盥洗用具	D	5	5/28	5/29	5/31	S
						×	○	○	
會獨自整理環境	91、6、1～91、6、30	89%	1.會準備清潔用具	D	5	6/03	6/05	6/06	S
						×	○	○	
			2.會拿正確的用具做清潔工作	D	5	6/05	6/07	6/11	S
						×	×	○	
			3.會收拾桌面	D	5	6/10	6/12	6/14	S
						×	○	○	
			4.會收拾抽屜	D	5	6/10	6/13	6/17	S
						×	○	○	
			5.會刷洗桌子	D	5	6/13	6/18	6/20	S
						×	×	○	
			6.會刷洗椅子	D	5	6/19	6/21	6/24	S
						×	×	○	
			7.會擦拭桌子	D	5	6/20	6/21	6/25	S
						○	○	○	
			8.會擦拭椅子	D	5	6/24	6/27	6/28	S
						○	○	○	
			9.會將用具歸位	D	5	6/26	6/27	6/28	C
						×	○	×	

學期總成績	$\dfrac{達成教學目標數（29）}{教學總目標數（35）}\times100＝（83）分$	□ 優 90 分～100 分 ■ 甲 80 分～89 分 □ 乙 70 分～79 分 □ 丙 60 分～69 分 □ 丁 60 分以下

㈡社會適應

姓名	張小明	年級	■國小 □一 □四 □甲 □丁 □國中 ■二 □五 □乙 ■戊 □高職 □三 □六 □丙 班						
領域	社會適應	教學者	陳○○、李○○						

短期目標	起迄日期	評量%	長期目標： 1.能了解社交禮儀 2.能增進人際關係	評量方式	評量標準	形成性評量			教學決定
能了解做客禮儀	91、3、1～91、3、31	88%	1.在做客前將自己梳洗乾淨	C	5	3/04 ✕	3/06 ○	3/08 ○	S
			2.在做客前會穿戴乾淨的衣服	C	5	3/05 ○	3/07 ○	3/11 ○	S
			3.能合宜的稱呼主人	B	4	3/08 ✕	3/11 ✕	3/14 ○	S
			4.對主人的服務能適時說謝謝	B	4	3/11 ✕	3/13 ○	3/15 ○	S
			5.未經主人邀請不任意取食	C	4	3/11 ✕	3/14 ✕	3/16 ✕	C
			6.注意吃飯餐桌禮儀	C	5	3/15 ✕	3/19 ○	3/20 ○	S
			7.會適時的離開	C	5	3/21 ✕	3/25 ✕	3/27 ○	S
			8.回家前會向主人及其家人道再見	C	5	3/26 ✕	3/28 ○	3/29 ○	S

（續）

						4/01	4/03	4/05	
能了解待客之道	91、4、1〜91、4、30	88%	1.會指認或稱呼客人	B	5	×	○	○	S
			2.會對客人點頭表示禮貌	C	5	4/02	4/04	4/05	S
						○	○	○	
			3.會端出茶水、水果或點心招待客人	C	5	4/04	4/08	4/11	S
						×	○	○	
			4.會聽客人談話並回答問題	C	4	4/09	4/12	4/15	C
						×	×	×	
			5.客人起身時會立即站起來	C	4	4/11	4/15	4/18	S
						×	○	○	
			6.客人離開時會送至門口	C	5	4/15	4/17	4/22	S
						×	○	○	
			7.會對客人說再見	C	5	4/18	4/22	4/25	S
						×	○	○	
			8.會邀請客人有空再到家中做客	C	4	4/25	4/29	4/30	S
						×	×	○	
能認識鄰居朋友	91、5、1〜91、5、31	88%	1.能說出自己的鄰居是誰	B	4	5/01	5/03	5/06	S
						×	×	○	
			2.能說出自己的朋友是誰	B	4	5/02	5/07	5/09	S
						×	×	○	
			3.在學校能幫助其他的同學	C	5	5/08	5/10	5/14	S
						×	○	○	
			4.能不和同學吵架、爭奪玩具	C	5	5/13	5/15	5/17	S
						×	○	○	
			5.能在協助下看圖說出鄰居朋友和睦相處的方法	B	5	5/16	5/20	5/22	S
						×	×	○	

（續）

					5/17	5/22	5/24	
		6.能看圖說出自己喜歡怎樣的鄰居朋友	B	5	×	×	×	C
		7.會看圖說出到鄰居朋友家玩應該注意的禮節至少一項	B	55	5/23	5/27	5/29	S
					×	×	○	
		8.能看圖指認愛護自己的鄰居朋友的行為表現至少一項	C	5	5/28	5/29	5/31	S
					×	○	○	
能認識學校環境	91、6、1〜91、6、30	67%	1.能從學校門口找到自己的教室	C	4	6/03	6/06	6/10	S
					×	○	○	
		2.能不用旁人協助找到廁所	C	4	6/06	6/11	6/14	S
					×	×	○	
		3.能找到操場並能自己回教室	C	4	6/12	6/14	6/17	S
					×	○	○	
		4.能依指示找到保健室	C	4	6/17	6/19	6/21	C
					×	×	×	
		5.能到學校餐廳領取午餐餐盒	C	4	6/20	6/24	6/26	S
					×	○	×	
		6.能在下課後自行到搭校車的集合地點	C	5	6/24	6/26	6/28	S
					×	○	○	

學期總成績	達成教學目標數（25）／教學總目標數（30）×100 ＝（83）分	□優 90 分～100 分 ■甲 80 分～89 分 □乙 70 分～79 分 □丙 60 分～69 分 □丁 60 分以下

㈢實用語文

姓名	張小明	年級	■國小 □一 □四 □甲 □丁 □國中 ■二 □五 □乙 ■戊 □高職 □三 □六 □丙 班						
領域	實用語文	教學者	陳○○						

短期目標	起迄日期	評量%	長期目標： 1.能增進日常會話能力 2.能增進表達力 3.能增進精細動作	評量方式	評量標準	形成性評量			教學決定
會使用電話	91、3、1〜91、3、31	83%	1.會辨別電話鈴聲	C	5	3/04 ○	3/06 ○	3/08 ○	S
			2.會拿起聽筒	D	5	3/05 ×	3/07 ○	3/12 ○	S
			3.會做適當的電話交談	C	4	3/08 ×	3/13 ×	3/15 ○	S
			4.會注意說話的音量	C	5	3/12 ×	3/15 ×	3/18 ○	S
			5.會轉述交代的話語	B	4	3/18 ×	3/22 ×	3/26 ×	C
			6.會放置聽筒	C	5	3/25 ○	3/27 ○	3/29 ○	S
能使用基本社交會話	91、4、1〜91、4、30	83%	1.能會說「請、謝謝、對不起」	B	5	4/01 ×	4/03 ○	4/05 ○	S
			2.接受禮物時會說「謝謝」	C	5	4/03 ×	4/08 ○	4/10 ○	S
			3.請求協助時會說「請」	C	5	4/08 ×	4/11 ×	4/15 ○	S

（續）

						4/15	4/17	4/19	
			4.做錯事情會說「對不起」	C	5	×	○	○	S
			5.聽別人說話時能注視對方	C	4	4/19	4/23	4/25	S
						×	×	○	
			6.聽別人說話時能不發出聲音	C	4	4/26	4/29	4/30	C
						×	×	×	
能認識學過的語詞	91、5、1～91、5、31	100%	1.會跟著仿念語詞	B	5	5/01	5/03	5/07	S
						×	○	○	
			2.會仿造語詞	B	4	5/06	5/13	5/16	S
						×	×	○	
			3.會剪貼語詞	D	4	5/15	5/20	5/27	S
						×	○	○	
			4.會配對語詞	D	4	5/24	5/27	5/31	S
						×	○	○	
能寫字	91、6、1～91、6、30	75%	1.會依筆順描寫自己的名字	A	5	6/03	6/10	6/13	S
						×	×	○	
			2.會依筆順描寫出生字、新詞	A	4	6/07	6/11	6/14	S
						×	○	○	
			3.會自己書寫自己的名字	A	4	6/14	6/18	6/24	S
						×	×	○	
			4.會自己書寫生字、新詞	A	4	6/17	6/24	6/28	C
						×	×	×	

學期總成績	$\dfrac{達成教學目標數（17）}{教學總目標數（20）} \times 100 = （85）分$	□優 90 分～100 分 ■甲 80 分～89 分 □乙 70 分～79 分 □丙 60 分～69 分 □丁 60 分以下

㈣實用數學

姓名		張小明		年級		■國小 □一 □四 □甲 □丁 □國中 ■二 □五 □乙 ■戊 □高職 □三 □六 □丙 班			
領域		實用數學		教學者	陳○○				
短期目標	起迄日期	評量%	長期目標： 1.能增進數概能力 2.能增進面積概念 3.能使用錢幣			評量方式	評量標準	形成性評量	教學決定
能寫數字	91、3、1〜91、3、31	83%	1.能依序仿寫出 1〜10 的數字			A	5	3/04 ✕　3/05 ○　3/08 ○	S
			2.能利用接龍的方式填入數字 1〜10			A	4	3/05 ✕　3/07 ✕　3/11 ○	S
			3.能自行依序寫下數字 1〜10			A	4	3/08 ✕　3/13 ✕　3/15 ○	S
			4.能依序仿寫出 1〜20 的數字			A	5	3/13 ✕　3/15 ○　3/18 ○	S
			5.能利用接龍的方式填入數字 1〜20			A	4	3/18 ✕　3/22 ○　3/26 ○	S
			6.能自行依序寫下數字 1〜20			A	4	3/22 ✕　3/26 ✕　3/29 ✕	C
會比大小	91、4、1〜91、4、30	75%	1.能比較三種水果大小			A B	5	4/01 ✕　4/05 ○　4/09 ○	S
			2.能分辨大人小孩差別			A B	5	4/08 ✕　4/13 ○　4/18 ○	S
			3.能比較四種不同紙張之大小			A B	4	4/17 ✕　4/22 ✕　4/25 ○	S
			4.能比較 1〜10 大小的關係			A B	3	4/24 ✕　4/26 ✕　4/30 ✕	C

（續）

能認識錢幣	91、5、1 ~ 91、5、31	83%	1.會指認與命名 1、5、10 元	B	5	5/01 ×	5/03 ○	5/06 ○	S
			2.會配對與分類 1、5、10 元	D	5	5/03 ○	5/06 ○	5/09 ○	S
			3.會數若干個 1 元硬幣的總和	D	4	5/07 ×	5/09 ○	5/13 ○	S
			4.會數若干個 5 元硬幣的總和	D	4	5/10 ×	5/14 ×	5/16 ○	S
			5.會數若干個 10 元硬幣的總和	D	4	5/17 ×	5/23 ×	5/27 ○	S
			6.會數若干個 1、5、10 元硬幣的總和	D	3	5/22 ×	5/27 ×	5/31 ×	C
能使用金錢消費	91、6、1 ~ 91、6、30	100%	1.會準備錢	C	5	6/03 ○	6/06 ○	6/11 ○	S
			2.會走到福利社	C	5	6/06 ×	6/12 ○	6/14 ○	S
			3.會查看價目表	C	5	6/12 ×	6/14 ×	6/17 ○	S
			4.會點食物	B	4	6/17 ×	6/19 ○	6/20 ○	S
			5.會付錢	D	4	6/20 ×	6/24 ×	6/26 ○	S
			6.會根據消費金額記帳	C	5	6/20 ×	6/26 ○	6/28 ○	S

學期總成績	$\dfrac{\text{達成教學目標數（19）}}{\text{教學總目標數（22）}} \times 100 =（86）分$	□優 90 分～100 分 ■甲 80 分～89 分 □乙 70 分～79 分 □丙 60 分～69 分 □丁 60 分以下

(五)休閒教育

姓名	張小明	年級	■國小 □一 □四 □甲 □丁 □國中 ■二 □五 □乙 ■戊 □高職 □三 □六 □丙　班					
領域	休閒教育	教學者	李○○					

短期目標	起迄日期	評量%	長期目標： 1.能安排休閒活動 2.能安排運動項目	評量方式	評量標準	形成性評量		教學決定
會唱歌跳舞	91、3、1〜91、3、31	86%	1.會靜聽音樂	C	5	3/05 ✕　3/06 ✕　3/08 ○		S
			2.會隨著音樂打拍子	D	4	3/06 ✕　3/07 ✕　3/12 ✕		C
			3.會隨著音樂哼唱	C	5	3/08 ○　3/13 ○　3/14 ○		S
			4.會唱兒歌	C	5	3/13 ✕　3/15 ○　3/19 ○		S
			5.會隨音樂做律動	C	5	3/15 ○　3/20 ○　3/22 ○		S
			6.會隨節奏作表演	C	4	3/22 ✕　3/26 ✕　3/27 ○		S
			7.會欣賞表演	C	5	3/26 ✕　3/27 ○　3/29 ○		S
會打擊樂器	91、4、1〜	80%	1.會打鼓	D	4	4/02 ✕　4/04 ✕　4/09 ✕		C
			2.會拿起指定的樂器	C	4	4/05 ✕　4/10 ○　4/12 ○		S

（續）

	91、4、30		3.會聽音樂辨別節奏	C	3	4/11	4/16	4/18	S
						×	×	○	
			4.會隨著音樂節奏敲打樂器	C	5	4/18	4/23	4/26	S
						×	×	○	
			5.會將樂器放回原位	C	5	4/22	4/26	4/30	S
						×	○	○	
會做體能遊戲	91、5、1〜91、5、31	89%	1.會準備器材	C	5	5/01	5/03	5/07	S
						×	○	○	
			2.會聽從指令整隊	C	5	5/02	5/07	5/09	S
						○	○	○	
			3.會做暖身操	C	5	5/08	5/10	5/14	S
						×	○	○	
			4.會遵守遊戲規則	C	4	5/14	5/15	5/17	S
						×	×	○	
			5.會雙腳站在基準線上	C	5	5/16	5/20	5/22	S
						×	○	○	
			6.會做舉高手做投球的動作	D	5	5/17	5/21	5/23	S
						×	○	○	
			7.會撿球	D	5	5/21	5/23	5/24	S
						○	○	○	
			8.會做緩和的運動	C	4	5/24	5/28	5/29	S
						×	×	○	
			9.會收拾整理	C	5	5/28	5/29	5/31	C
						×	○	×	

（續）

會繪畫	91、6、1～91、6、30	83%	1.會準備畫具材料	C	5	6/04	6/06	6/11	S
						×	○	○	
			2.會用鉛筆在紙上打草稿	D	5	6/06	6/11	6/14	S
						×	○	○	
			3.會用彩色筆上色	D	5	6/12	6/14	6/18	S
						○	○	○	
			4.會發表作品	B	4	6/18	6/19	6/21	C
						×	×	×	
			5.會欣賞作品	C	4	6/20	6/25	6/26	S
						×	○	○	
			6.會收拾整理用具	C	5	6/25	6/26	6/28	S
						×	×	○	

學期總成績	$\dfrac{\text{達成教學目標數（23）}}{\text{教學總目標數（27）}} \times 100 =（85）分$	□優 90 分～100 分 ■甲 80 分～89 分 □乙 70 分～79 分 □丙 60 分～69 分 □丁 60 分以下

(六)職業生活

姓名	張小明	年級	■國小 □一 □四 □甲 □丁
			□國中 ■二 □五 □乙 ■戊
			□高職 □三 □六 □丙 班

| 領域 | 職業生活 | 教學者 | 李○○ |

短期目標	起迄日期	評量%	長期目標： 1.能增進良好工作習慣	評量方式	評量標準	形成性評量			教學決定
能從事園藝活動	91、3、1~91、6、30	75%	1.會準備花苗	D	5	3/4 ✕	3/11 ○	3/18 ○	S
			2.會準備花盆	D	5	3/25 ✕	4/01 ○	4/08 ○	S
			3.會準備工具	D	5	4/01 ✕	4/08 ○	4/15 ○	S
			4.會用鏟子鬆土	D	5	4/15 ✕	4/22 ○	4/29 ○	S
			5.會定期澆水	D	5	4/29 ✕	5/06 ✕	5/13 ✕	C
			6.會移種花苗	D	4	5/13 ✕	5/20 ○	5/27 ○	S
			7.會收拾整理	D	5	5/27 ✕	6/03 ✕	6/10 ○	S
			8.會做後續照料的工作	D	4	6/10 ✕	6/17 ○	6/24 ✕	C

| 學期總成績 | $\dfrac{達成教學目標數（6）}{教學總目標數（8）} \times 100 =（75）分$ | □優 90 分～100 分
□甲 80 分～89 分
■乙 70 分～79 分
□丙 60 分～69 分
□丁 60 分以下 |

第二節

工作分析式 IEP

工作分析法源自於行為學派，對於行為的管理與技能的發展有相當重要的意義，雖然是屬於教師設計教學的一種技能，但使用於設計學生之 IEP 仍有相當的用處，尤其可加以利用來繪製曲線圖，可清楚看出學生進步的情形，深受一些專收智能障礙學生的中心或啟智班（學校）歡迎。不過要使用此一模式設計 IEP，除了須具備撰寫 IEP 的專業知能外，也要具備工作分析的技能，相關的資料與實施步驟整理如下：

一、**來源**：行為學派之應用。

二、**使用者**：啟智中心、啟智班。

三、**適用對象**：中重度智能障礙、多重障礙。

四、**適用科目**：生活教育、職業生活等有關技能科目。

五、**優點**：

　　1. 讓學生較容易有成就感。

　　2. 符合特殊學生的學習特性。

　　3. 對需肢體操作之技能效果較佳。

六、**缺點**：

　　1. 較不適合大班或大團體教學。

　　2. 對較難細分步驟之領域，如情意之課程，此法難適用。

　　3. 各個步驟雖能完成，卻不見得學生能完成該學習的總目標，因為「部分的總合不代表總體」。

　　4. 對單一反應之教學（如背九九乘法表）和重思考且不利觀察之教學（如四則運算）難以適用。

七、**配套**：教學之先修課程為「行為改變技術」，如此才較有助長短期目標之分析撰寫。

八、**方法**：茲針對學生「能脫襪子」的 IEP 長期目標使用工作分析模式的步驟如下：

步驟一：將「脫襪子」之項目分析為七個小步驟，並列為 IEP 之短期目標。

　　　　1.先請幼兒坐在地板上；

　　　　2.以左右手的拇指配合四指分別抓握襪口的左邊；

　　　　3.腰身以上及頭部稍往前傾；

　　　　4.左右手同時將襪口微拉開；

　　　　5.左右手同時將襪口沿著腳踝、腳掌推至腳趾；

　　　　6.以手掌抓握襪子的前端往外拉使襪子脫下；

　　　　7.重複 2、3、4、5、6 之動作練習另一腳。

步驟二：記錄學生表現狀況，分測試與教學之紀錄：

　　　　1.測試（T）：（6/1，6/7，6/13，6/19，6/25，6/27，6/29，6/30）

　　　　　使用代號：「＋」獨立正確反應，「－」不正確反應

　　　　2.教學：(1)純教學（6/3，6/5）

　　　　　　　　(2)教學與測試同時進行（6/9，6/11，6/15，6/17，6/21，

　　　　　　　　　6/23）

　　　　　使用代號：P1──大量協助；P2──少量協助；M──示範提示；

　　　　　　　　　　V──口頭提示；G──手勢提示。

步驟三：作形成性評量

　　　　6/1 之測試結果：

　　　　（獨立正確反應數／測試及教學總數）×100% ➡ 1/7×100%＝ 14.3%

　　　　　　　　　　　　　　　　　　　　　　　　（四捨五入為 14%）

　　　　6/7　之測試結果：4/7×100 ＝ 57.1%（四捨五入為 57%）

　　　　6/9　之測試結果：4/7×100 ＝ 57.1%（四捨五入為 57%）

　　　　6/11 之測試結果：4/7×100 ＝ 57.1%（四捨五入為 57%）

　　　　6/13 之測試結果：4/7×100 ＝ 57.1%（四捨五入為 57%）

　　　　6/15 之測試結果：4/7×100 ＝ 57.1%（四捨五入為 57%）

　　　　6/17 之測試結果：5/7×100 ＝ 71.4%（四捨五入為 71%）

　　　　6/19 之測試結果：4/7×100 ＝ 57.1%（四捨五入為 57%）

　　　　6/21 之測試結果：4/7×100 ＝ 57.1%（四捨五入為 57%）

　　　　6/23 之測試結果：4/7×100 ＝ 57.1%（四捨五入為 57%）

6/25 之測試結果：6/7×100 ＝ 85.7%（四捨五入為 86%）

6/27 之測試結果：7/7×100 ＝ 100%（四捨五入為 100%）

6/29 之測試結果：7/7×100 ＝ 100%（四捨五入為 100%）

6/30 之測試結果：7/7×100 ＝ 100%（四捨五入為 100%）

步驟四：將步驟三中所有日期測試結果之百分比標明小點，再將所有小點連接成一曲線圖。

步驟五：填上教學決定：

　　1.教學決定代號為：(1)通過；(2)繼續；(3)擴充；(4)類化；(5)抽離；(6)放棄。

　　2.形成性評量：

　　　6/11，6/21：因 6/11 及 6/21 日之評量結果百分比為 57%，未達及格標準，故教學決定為「繼續」，代號為(2)。

　　3.總結性評量：

　　　6/30：因 6/30 日之評量結果百分比為 100%，且 6/27、6/29 日也已達 100%，已達連續三次 100%之及格標準，故教學決定為「通過」，代號為(1)。

❖ 表 11-3-1　工作分析教學紀錄表 ❖

學生姓名：○○○　教學者：○○　學習日期：91.6.1~91.6.30　領域：生活教育　教學目標：脫襪子　及格標準：100%連續 3 次

工作分析步驟 ＼ 日期	6/1	6/3	6/5	6/7	6/9	6/11	6/13	6/15	6/17	6/19	6/21	6/23	6/25	6/27	6/29	6/30	教學決定
7.重複 2、3、4、5、6 之動作練習另一腳	T	P2	M	T	V	G	–	V	M	–	M	V	–	+	+	T	6/11 (2)
6.以手掌抓握襪子的前端往外拉使襪子脫下	–	P2	M	–	M	G	–	G	V	M	V	–	+	+	+	+	6/21 (2)
5.左右手同時將襪口沿著腳踝、腳掌推至腳趾	–	M	M	–	M	M	–	M	+	M	M	M	+	+	+	+	6/30 (1)
4.左右手同時將襪口微拉開	–	M	G	+	+	+	+	+	+	+	+	+	+	+	+	+	
3.腰身以上及頭部稍往前傾	+	M	V	+	+	+	+	+	+	+	+	+	+	+	+	+	
2.以左右手的拇指配合四指分別抓握襪口的左邊	–	M	V	+	+	+	+	+	+	+	+	+	+	+	+	+	
1.先請幼兒坐在地板上	–	V	V	+	+	+	+	+	+	+	+	+	+	+	+	+	
獨立操作正確率 %																	

教學時使用：
P1：大量協助　P2：少量協助　V：口頭提示　M：示範提示　G：手勢提示

測試時使用：
＋：獨立正確反應
－：不正確反應

教學決定：
1.通過　4.類化
2.繼續　5.抽離
3.擴充　6.放棄

第三節

進度表式 IEP

　　進度表方式（或稱圖示法）的 IEP，是把 IEP 的結果繪製出來，這樣的方式可以收一覽無遺的效果，這種將學生所有的IEP歷程統整在一大張紙上，用圖示的方式將學生進步情形展現出來，不但老師可以很快掌握學生狀況，連不懂 IEP 專業的家長也能很快了解孩子的學習進步狀況。瑞復益智中心（1992）是典型使用此法之例子。以下就進度表式 IEP 所舉例子主要參考之樣本：

一、**來源**：1986 年（民國 75 年）瑞復益智中心李櫻老師運用美國太空發展計畫管理技術（PERT）發展而成。

二、**使用者**：瑞復益智中心、學前特教班、啟智班。

三、**適用對象**：中、重度智障及多重障礙。

四、**適用學科**：生活教育、職業教育或其他科目。

五、**優點**：

　　1. 可表達 IEP 的內容、進度與過程的相互關係。

　　2. 容易評估教學成果，讓一般人士及家長一目了然地了解其整個教育過程。

六、**限制**：

　　1. 紙張要用方格紙。

　　2. 要準備色筆。

　　3. 要有「工作分析法」的專業能力。

七、**配套**：必須配合教學活動卡。

八、**實施方法如下**：

　　案例：王小花目前為○○國小啟智班三年級學生，生活自理能力差，尤其擤鼻涕能力有待加強，茲將「擤鼻涕」列為其 11 月份IEP教學目標，並以進度表式 IEP 作為記錄與評量其進步情形。

　　＊前置作業：

(一)準備工具

(1)方眼紙（長約 39 公分、寬約 27 公分）兩張（市面有售）。

(2)附有直徑 0.8 公分圓圈的工具尺。

(3)紅、藍、綠、黑四色 0.3 公分的細字彩色筆。

(二)製作紙張

利用兩張方眼紙，合併黏成一長條的 IEP 進度表。

＊正式評量：

步驟一：將「擤鼻涕」之項目分析為如下六個小步驟，列為 IEP 之短
期目標，工作分析步驟如下：

1.拿出衛生紙並將衛生紙展開後對折。

2.雙手拿著兩端、掩住鼻子。

3.用手指（食指、中指）壓住一邊鼻孔，從另一邊鼻孔以呼
氣的方式擤鼻涕。

4.接著做另一邊。

5.兩手手指捏合，將衛生紙向前拉出、折疊。

6.再對折後將鼻水擦拭乾淨，並將使用完的衛生紙丟到垃圾
桶裡。

步驟二：記錄學生表現狀況

王小花評量記錄結果為：

11/01-11/06 共評量九次：1，1，1，2，1，1，1，2，1 分

11/08-11/13 共評量八次：2，1，2，1，2，1，2，2 分

11/15-11/20 共評量九次：2，2，2，2，2，2，2，2，2 分

11/22-11/27 共評量九次：2，2，3，2，2，2，2，3，2 分

使用代號：0 分—無反應。1 分—動作協助。

2 分—口頭協助。3 分—自行完成。

步驟三：作形成性評量：累計一列數次的分數（至少應有八次）計算
百分比即是形成性評量。其計算公式如下：

$$\frac{\text{該列分數的總和}}{\text{滿分（該列記錄次數} \times 3）} \times 100$$

11/01-11/06 之形成性評量：11/27×100 ＝ 41%

11/08-11/13 之形成性評量：13/24×100 ＝ 54%

11/15-11/20 之形成性評量：18/27×100 ＝ 67%

11/22-11/27 之形成性評量：25/27×100 ＝ 93%

將所有日期測試結果之百分比標明小點，再將所有小點連接成一曲線圖。

步驟四：總結性評量：由該行為目標到期日之前數天所累計的學習記錄的百分比，即是總結性評量，其計算方式與形成性評量完全相同，總結性評量的百分比須記錄在 IEP 進度表中。此案例取最後兩週之形成性評量之平均數百分比。

（18/27 ＋ 25/27）÷2×100 ＝ 80%

步驟五：在方眼紙上畫上其進度。

5 格×80% ＝ 4 格

上述這種方式可以將學生在每一個領域的 IEP 目標，依據其進步情形繪製在一張紙上，此一張紙就是學生的 IEP，簡單清楚，不像傳統的 IEP 通常是超過 10 頁以上，份量雖多卻不見得能一目了然，因此這種方式的IEP仍有其相當的價值。以下是完整進度表 IEP 的範本。

時間	行為目標	記錄圖			
11/01-11/27		日期 %	11/01 | 11/06	11/08 | 11/13	11/15 | 11/20	11/22 | 11/27
	-6.再對折後將鼻水擦拭乾淨，並將使用完的衛生紙丟到垃圾桶裡	100 90 80	1		2	2
		80 70	2	2	2	3
	-5.兩手手指捏合，將衛生紙向前拉出、折疊	70 60	1	2	2	2
		60	1	1	2	2
	-4.接著做另一邊	50 40	1	2	2	2
	-3.用手指（食指、中指）壓住一邊鼻孔，從另一邊鼻孔以呼氣的方式擤鼻涕	40 30	2	1	2	2
		30 20	1	2	2	3
		20	1	1	2	2
	-2.雙手拿著兩端、掩住鼻子	10	1	2	2	2
評量 □甲式 ■乙式	-1.拿出衛生紙並將衛生紙展開後對折					

完整進度表式 IEP 範本可參考瑞復益智中心（1992）所設計，心理出版社出版之《智能不足者個別教育計畫》專書。

總 結

為了提供特殊學生適性教育，IEP 被設計出來以滿足這種需求，各種IEP模式也順勢發展出來，其目的一方面是希望能提供特殊學生適性教育的基礎，一方面也希望能使老師在編擬 IEP 時不要花費太多時間，又能兼顧 IEP 的專業知能。本章所呈現的三種 IEP 模式都是基於這樣的目的而被設計出來。目前IEP已經漸漸走向愈來愈簡化與電腦化的設計，因此可預見的未來是，IEP

電腦化格式勢必成為主流，透過網路化或單機版的電腦化 IEP，的確能節省老師編擬 IEP 的時間，但是否就能提供學生適性教育的 IEP 設計，則仍有賴教師專業的IEP知能，才能為學生從IEP電腦資料庫中選擇適當的IEP目標，作為適性教育的基礎。

參考文獻

李淑貞譯（1998）。Kathleen Teague Holowach 著。**中、重度障礙者有效教學法：個別化重要技能模式（*ICSM*）**。台北市：心理。

郭色嬌、徐淑芬（1998）。**國小中重度智障兒童功能性教學活動設計**。台北市立師範學院特殊教育中心特教叢書第 74 輯。台北市。

瑞復益智中心編著（1992）。**智能不足者個別教育計畫**。台北市：心理。

陳靜江（1997）。生態評量在中重度身心障礙學生課程之發展與應用。載於彰化啟智學校編印，「**特教知能叢書：滾石跑道**」（頁 62-71）。彰化啟智學校。彰化縣。

鈕文英（2000）。**如何發展個別化教育計畫——生態課程的觀點**。國立高雄師範學院特教中心特教叢書第 60 輯。高雄市。

個別化教育計畫（IEP）檢討

第十二章

ＩＥＰ迷思與趨勢

IEP 從 1975 年發展至今已逾三十年，IEP 專業的地位也是眾所公認，但不少老師仍認為撰寫 IEP 是教學以外額外的工作，造成老師的負擔，對 IEP 仍然採取敵視態度，IEP在特殊教育的領域中仍有許多迷思有待澄清與打破。本章最後就 IEP 的迷思與趨勢進行比對與探討，迷思部分包括 IEP 是過程還是產品？IEP 的理想面與現實面為何？美式 IEP 與台式 IEP 的差別和特色為何？ IEP 的趨勢為何？該如何因應？這些趨勢是否能將特殊教育的品質往上提升呢？以下即針對這些主題說明。

第一節

過程 VS.產品

IEP是過程也是產品（Kaye & Aserlind, 1979），IEP的過程是指從開始執行IEP到結束的所有步驟，包括本書前幾章所論及的起點行為、長短期目標、特殊教育與相關服務及目標評鑑等，產品的意義主要指執行 IEP 過程後所產生的文件檔案。

IEP 過程能提供家長和老師機會，去表達與討論共同關心的課程與共同監督 IEP 的執行狀況（Goodman & Bond, 1983）。歸納眾家說法（鈕文英，2000；Johns, Crowley, & Guetzloe, 2002; Maher, 1983），IEP 過程大致可歸納為四個階段：(1)確認學生目前能力水準與特殊需求；(2)根據所找出來的學生基本能力與特殊需求，撰寫 IEP 長期與短期目標，並據以發展出達成目標的課

程與教學；(3)根據發展出的課程執行教學與提供相關服務；(4)評量學生達成 IEP 目標的程度。

　　IEP 的產品指經由 IEP 過程所產生的文書資料，舉凡學生起點能力、IEP 目標、特殊教育與相關服務資料和評量資料，都必須記錄在文書型式的 IEP 中，且每一個學期都要寫，每一年都要寫在紙上，長期累積下來，IEP 的文書檔案豐富，如果再加上相關附件（如評量測驗結果等），文書資料更多。雖然 IEP 的產品能提供證據供入學或轉銜之參考，但也造成文書資料的累積，不但增加老師工作量，也造成保管的負擔。

　　如何在 IEP 的過程與產品間找到最佳的平衡點，是現階段 IEP 的重要課題，目前美國的最新教育法令（《IDEA 2004》）已有回應，該法規定除非是需要進行替代評量的重度障礙學生，IEP 的短期目標可以省略不寫，並嘗試將 IEP 的檢討時間由一年改為三年，這些措施都能有效減低 IEP 的文書量。但是否也可能同時造成 IEP 過程的縮水，而淡化其個別化的特性，進而失去 IEP 的精神呢？這些仍是值得觀察之處。

　　我國的 IEP 法令雖然沒有明文規定不用寫短期目標，但特教法令中只規定寫學年目標與學期目標，似乎就已經暗示 IEP 目標可簡化到只要寫學期目標與學年目標即可。國立台灣師範大學特殊教育中心所出版之《量生訂做——IEP 的理念與落實》即採用只有學年目標與學期目標的 IEP 設計，頁數在 5 頁以內（張蓓莉、蔡明富，2001）。雖然如此簡化之 IEP 設計可以減少教師的文書工作，但會不會簡化到變成寫一些無關痛癢的目標，最後失去 IEP 的精神呢？這些仍是值得留意的，畢竟 IEP 設計的初衷是為了提供學生作為適性教育的基礎，而不是為了減少老師的文書工作。因此，使用簡化格式 IEP 的對象應有所選擇，且 IEP 的過程仍應完整交代。

第二節

理想 VS.現實

　　IEP 長久以來被議為與教學脫節，被稱為純為理想而已，現實面並不可行，因此近年來，國外 IEP 研究的焦點也漸漸轉移到強調擬定 IEP 目標時，應

該著重特殊孩子的特殊需求與獨特興趣，並將之融入孩子所能參與的有意義與功能性的教學活動中（Nortari-Syverson & Schuster, 1995），希望能打破 IEP 只是理想而不切實際的迷思。例如，Horn、Lieber、Li、Sandall 與 Schwartz（2000）即針對三位特殊兒童的特殊需求設計 IEP 目標，並實施於教學中，結果發現效果良好。Kohler 與 Strain（1996）針對 IEP 目標設計教學活動，結果發現合併使用自然教學法（Naturalistic Teaching）和同儕本位策略（Peer-based Strategies）教自閉症兒童，其 IEP 目標的達成率較佳。可見只要選對教學策略，IEP 目標的達成情形應是樂觀的。

當老師頻頻抱怨 IEP 與教學脫節（李翠玲，1999；林幸台等，1994；Cooper, 1996; Kirk, Gallagher, & Anastasiow, 2000），IEP 寫的是一套，教的是一套時，此時老師有沒有想到，是不是所用的教學策略根本就是與 IEP 目標無關，才造成這樣的結果？而不是一味責怪 IEP，有時是不是也應該反求諸己？特殊學生個別差異大，教學挑戰高，如果教師還是抱著傳統不放，無法活化教學理論與利用實證研究證實有效的策略融入 IEP 中，IEP 目標的達成情形就不一定樂觀。

我們常發現，很多學生的 IEP 目標都是雷同，甚至於同一位學生不同年份的 IEP 目標也是相似，例如：「能知道 20 以內的質數」（資源班）、「能表達自己的需求」（啟智班），如能加上策略（實證研究證實有效者），就能將教學與 IEP 的關係連結起來，也能改進 IEP 與教學脫節的現象。例如，華德福課程使用輪唱的方式教學生認識質數的效果良好，老師在寫 IEP 目標時，就可將上述 IEP 目標改為「能在輪唱情境中認識 20 以內的質數」；許多實證研究證實，圖片兌換溝通系統能增進學生表達需求能力，目標就可改為「能以圖片兌換溝通系統來表達自己的需求」。

IEP 要落實現實生活，不致流於空談，除了需要教師以實證研究為基礎的教學策略介入外，IEP 團隊能確實運作也是一個重要的因素。我國的法令也要求 IEP 要以團隊方式運作，但由於現實條件配合不夠，治療師負擔重，通常到校為學生治療只是蜻蜓點水式，而且大多是將學生抽離教室。治療師離開後，雖然有些會留下一些紀錄，要求老師家長配合，但醫療的專業卻非老師及家長能能夠僅憑治療師的紀錄就可以配合，而融合教育的政策如果沒

有行政的大力支援與普通班老師的共識仍難以落實,最後所擬訂的 IEP 目標仍舊可能成為空談。因此為了改進這些問題,IEP 需要透過更嚴格的法令,甚至於要有罰則的規定,才能將 IEP 的理想落實於現實環境。

第三節

美式 IEP vs. 台式 IEP

「見賢思齊焉,見不賢而內自省也」,美國的 IEP 發展至今歷經數次的修正,自有其可參考之處,我國的 IEP 發展至今雖然在量的成長上已經達到普及的程度,但仍有一些現實配合的瓶頸有待突破,IEP 在品質方面也有待提升,茲將兩者之差異比較如表 12-3-1。

❖ 表 12-3-1　美式 IEP 與台式 IEP 比較 ❖

項目	美式 IEP	台式 IEP
目標起迄時間	一年度(配合學生生日)	一學年(配合學校開學與結業時間)
IEP 存放處	正本留存於教育局	正本老師保管
IEP 每頁抬頭	有學生姓名、IEP 日期	無
IEP 評量報告	定期(一年約四次)發給家長正式成績單	非正式方式(口頭、聯絡本)告知家長
IEP 領域	以學生能力區分領域	以課程區分領域
IEP 法令	歷經四次修訂有完整規模	於 1997 年正式法治化,具 IEP 實施雛形

林素貞(1999)指出,美國有關 IEP 之法令歷經實施驗證與不斷修訂,使得 IEP 確實已建立其完整之規模,而我國對於「個別化教育計畫」的規劃處於起步,有關條文是顯簡略。目前我國正進行《特殊教育法》修法階段,對 IEP 的規定應可參考美國的 IEP 規定,並配合我國國情,使其更嚴謹,但

仍要考量教師負擔。

　　從表 12-3-1 的台美 IEP 比較中可以發覺，美國的 IEP 是以學生為主體來設計，所以期限是以學生的生日為基礎，IEP 目標分布的領域是以學生的需求來寫，再將學生應加強的目標分布在不同的科目，所以在學生的 IEP 中不會發現他所有的科目（見附錄四）；且美國將 IEP 視為重要有價值的文件，正本必須留存於教育局檔案室中，供鑑定安置或有爭議時法庭調閱使用。我國的 IEP 設計則是配合學校運作時間，在設計 IEP 目標時，大多數老師是根據課程領域來編寫，例如，啟智班是以生活教育、社會適應、實用語文、實用數學、休閒教育與職業生活等六大領域寫學生的 IEP 目標（見附錄五），資源班通常是以數學、語文領域來寫 IEP（見附錄六），這樣的寫法比較方便教師教學設計，因此，我國的 IEP 是傾向配合學校與教師。廖芳玫（2002）曾經進行根據智能障礙類課程綱要來執行 IEP 目標，結果發現難以達成 IEP 目標的效果，且將「重要活動」「五馬分屍」後去教學。因此，以學科為中心發展學生的 IEP 目標是不是一條正確的路？這是值得深思的問題。

　　表 12-3-1 列出美式 IEP 與台式 IEP 的差異處，可供我國執行 IEP 的反省與參考，並提供未來我國修法之考量，但兩國的特殊教育教師仍有一點相同，就是老師都不喜歡寫 IEP，因此，如何減輕老師撰寫 IEP 的負擔，是 IEP 發展的重點趨勢。下一節則是 IEP 的發展趨勢分析。

第四節

IEP 趨勢

　　IEP 歷經三十年來的發展，透過檢討過去的一些問題，配合時代的背景與當今潮流，IEP 的趨勢大致可分為下列幾點：

一、簡化

　　為了減輕老師擬定 IEP 的負擔，提高老師撰寫 IEP 的意願，IEP 的格式必須盡量簡化，也就是頁數減少到 10 頁，甚至到 5 頁以內，並將一年度 IEP 目

標期限延長至兩年或三年後,這些方式都能減輕老師擬定 IEP 的負擔。但簡化 IEP 的前提仍然是,所有 IEP 過程與撰寫要點都要包含在內,並能提供學生適性教育為主。

二、電腦化

電腦化IEP(見附錄七)是當今資訊化社會的趨勢,透過電腦化的IEP目標資料庫可以節省老師擬定 IEP 目標的時間,未來可預見 IEP 的格式會愈來愈多電腦化格式,並逐漸取代人工寫的 IEP;但也可能不同學生的 IEP 目標會類似,因為大多是從 IEP 的電腦資料庫來取得,這樣會不會喪失學生個別化的精神?這是在使用電腦化 IEP 時應同時注意的地方。

三、教學策略導向

在 IEP 愈來愈強調目標達成的績效趨勢下,IEP 的目標勢必將有效的教學策略融入其中,Bateman 和 Linden(2006)就指出,教師必須透過有審查制度而發表過的論文,來確認與選擇使用於教學與課程中,以提升 IEP 目標的達成率。也就是說,未來教師所擬出來的 IEP,必須植基於科學驗證過的課程與教學(scientific curriculum and instruction)。

四、融合教育

融合教育是當今教育的主流,國內對輕度障礙學生的融合大致已有共識,但對中重度與多重障礙學生的融合仍有疑慮,未來融合教育勢必包括中重度障礙的學生,因此,在特殊教育宣導方面、資源提供方面應加快腳步,才能使得融合教育全面性推廣,落實人性化的教育環境。

五、家長權益與學生的自我決策

IEP 的主角是學生，而家長是學生最親密與相處最多的人，Cooper（1996）就指出，IEP 一定要學生與家長充分參與才有意義，因此，IEP 目標的擬定應該考量父母對孩子的期望，並定期向家長報告其孩子在校表現；而 IEP 是學生的檔案，更應該聽一聽學生想要什麼，而非老師或 IEP 團隊一廂情願或本位主義來主導 IEP 目標，學生也許因為障礙的特性而影響他在公開場合（例如 IEP 會議上）為自己發言，因此平時就應培養學生自我決策、挺己技能，尤其針對輕度障礙的學生更為重要。

 總 結

IEP 發展至今仍有一些迷思有待打破，這些問題有待解決，有鑑於此，針對撰寫 IEP 是教師負擔的問題，未來 IEP 的趨勢必然是簡化格式與電腦化，針對 IEP 與教學脫節現象，並重視 IEP 目標績效的原則，IEP 目標勢必要融入有效的教學策略，以提高 IEP 目標的達成率。隨著家長權益和學生人權的重視，定期正式向家長報告學生進步狀況的成績單應被列為法定項目，加強學生自我決策與發聲的策略也是未來趨勢，而融合教育的趨勢仍然會延續下去，並逐漸往重度和多重障礙發展，相關的配套措施應該及早規劃，透過有效的IEP，共創高品質的特殊教育。

Q&A

1. 試比較美國與我國 IEP 的格式、內容的特色，並說明如何截長補短。

2. IEP 發展的趨勢為何？

參考文獻

李翠玲（1999）。「個別化教育計劃」納入特教法強制項目後實施現況調查研究。**新竹師院學報，13**，65-100。

林幸台、林寶貴、洪儷瑜、楊瑛、陳紅錦（1994）。我國實施特殊兒童個別化教育方案現況調查研究。**特殊教育研究學刊，10**，1-42。

林素貞（1999）。**如何擬訂「個別化教育計畫」**。台北市：心理。

張蓓莉、蔡明富（2000）。**量生製作——IEP 的理念與落實**。台北市：國立台灣師範大學特殊教育中心。

鈕文英（2000）。**如何發展個別化教育計畫——生態課程的觀點**。國立高雄師範學院特教中心特教叢書第 60 輯。高雄市。

廖芳玫（2002）。落實課程綱要與實現特教理想。**特殊教育季刊，84**，16-20。

Bateman, B. D., & Linden, M. A. (2006). *Better IEPs* (4th ed.). Verona, WI: Attainment Co.

Cooper, P. (1996). Are Individual Education Plans a waste of paper? *British Journal of Special Education, 23*(3), 115-119.

Goodman, J. F., & Bond, L. (1993). The Individualized Education Program: A retrospective critique. *Journal of Special Education, 26,* 408-422.

Horn, E., Lieber, J., Li, S., Sandall, S., & Schwartz, I. (2000). Supporting young children's IEP goals in inclusive settings through embedded learning opportunities. *TECSE, 20*(4), 208-223.

Johns, B. H., Crowley, E. P., & Guetzloe, E. (2002). Planning the IEP for students with emotional and behavioral disorders. *Focus on Exceptional Children, 34*(9), 12.

Kaye, N. L., & Aselind, R. (1979). The IEP: The ultimate process. *The Journal of Special Educaiton, 13*(2), 137-143.

Kirk, S. A., Gallagher, J. J., & Anastasiow, N. J. (2000). *Educating exceptional children* (5th ed.). Boston, MA: Houghton Mifflin.

Kohler, F. W., & Strain, P. S. (1996). Merging naturalistic teaching and peer-based strategies to address the IEP objectives of preschoolers with autism: An examination of structural and child behavior outcomes. *Focus on Autism & Other Developmental Disabilities, 12*(4), 196-206.

Maher, C. (1983). Development and implementation of effective Individualized Education Pograms (IEPs): Evaluation of two team approaches. *Journals of School Psychology, 21,* 143-152.

Nortari-Syverson, A., & Schuster, S. (1995). Putting real-life skills into IEP/IFSPs for infants and young children. *Teaching Exceptional Children, 27*(2), 29-32.

附　錄

【附錄一】個人史方式 IEP

王大華 IEP

<table>
<tr><td rowspan="4">一、基本
資料</td><td>姓名</td><td>王大華</td><td>性別</td><td>男</td><td>出生年月日</td><td>○○年○月○日</td></tr>
<tr><td>殘障手冊編</td><td></td><td colspan="2">殘障類別與等級</td><td colspan="2">智障中度</td></tr>
<tr><td>家長姓名</td><td>○○</td><td colspan="2">連絡電話</td><td>（O）</td><td>（H）</td></tr>
<tr><td colspan="6">住址：○○鎮○○路○○○號</td></tr>
<tr><td>二、家庭
狀況</td><td colspan="6">1.（家庭成員）：父母及妹一人
2.（家長對學生的教養態度）：母親 38 歲才生下大華，是有先天缺陷（唐氏症）的孩子，父母盡力照顧，由於父母經商，時間較有彈性，加上家庭經濟狀況不錯，所以大華的早期療育工作早在四歲就開始，對其身心發展助益頗多。</td></tr>
<tr><td>三、生長史</td><td colspan="6">出生後黃疸過高，兩星期左右曾患肺炎，曾檢查出心臟穿孔，六個多月時才痊癒。小時體弱多病，得過慢性腸炎，顏面蜂窩組織炎，常感冒發高燒。三歲時學會站立，四歲才能走穩，開始會講話。</td></tr>
<tr><td>四、教育史</td><td colspan="6">四歲入新竹○○啟智中心→○○智能發展中心→○○師院附小特教班→○○啟智中心→國小五年級轉至○○國小特教班就讀至畢業→○○國中特教班</td></tr>
<tr><td>五、醫療史</td><td colspan="6">一至十歲小病不斷，每感冒就發燒，父母帶他去做腳底按摩，經年不斷，至今仍在做。</td></tr>
<tr><td>六、教育
診斷</td><td colspan="6">1.現況描述（入班日期）：93.9.1 入○○國中特教班，能自行上廁所與穿脫衣服，能聽從老師指令，會表達需求。
2.行為觀察內容：個性開朗大方，喜愛唱歌，喜愛看電視及打電玩，對兩性分際較不能掌握，會在課堂上隨意碰觸異性的身體。
3.學業成就：國語程度在小學三年級，數學程度在小學二年級。
4.智商測驗摘要說明：（魏氏智力測驗）智障中度。</td></tr>
</table>

（續）

	5.社會適應能力（ABS）PR＞25共9項，獨處不良適應 PR48；人際不良適應 PR53。 6.特殊能力：(1)音感很好，善於模仿，曾參加才藝表演。 　　　　　　(2)擅長游泳，曾參加殘障泳賽。 7.非正式評量（觀察）：對靜態的教學活動約10分鐘後就開始分心，對電腦輔助教學的內容持久力可維持一節課。
七、醫療 　　診斷	醫師診斷描述：黃疸過高，心臟穿孔
八、綜合 　　分析	1.優勢：生活自理能力良好，口語表達及接收能力不錯，肢體靈活，喜好模仿，能聽從師長的指示，能自行上下學。 2.弱勢： (1)因在家經常打電玩及看電視，習慣接受聲光影像的刺激，故對課業的學習不太感興趣，對老師所交代的作業幾乎都沒有及時完成。 (2)記憶能力及理解力不佳，也沒有時間概念。
九、結論	1.安置：特教班 2.教育服務：（三大需求）(1)加強灌輸正確性教育；(2)加強認知能力；(3)多給予機會讓他發展先天良好的音樂才能。 3.相關服務（行為處理與治療）：（見輔導紀錄）
十、IEP 　　計畫	（生活領域） 1.能認識兩性隱私部位 　(1)能指認說出自己的身體部位至少5處 　(2)能說出男性青春期第二性徵至少5點 　(3)能說出女性青春期第二性徵至少5點 　(4)能指出並說出女性隱私處不能去觸摸的部位，且正確率為80% （認知領域：國語） 2.能在一學年內通過小學四年級國語課成就測驗 　(1)能在上學期末進行的小學四年級國語課成就測驗中成績達50分 　(2)能在下學期末進行的小學四年級國語課成就測驗中成績達60分 （認知領域：數學）

（續）

	3.能在一學年內通過小學三年級數學課成就測驗 　(1)能在上學期末進行的小學三年級數學課成就測驗中成績達50分 　(2)能在下學期末進行的小學三年級數學課成就測驗中成績達60分 〔藝術（休閒）領域〕 4.能唱一首流行歌曲 　(1)能說出一首流行歌曲的歌名正確率為80% 　(2)能哼唱一首流行歌曲旋律正確率為80% 　(3)能唱出一首正確歌詞的流行歌曲正確率為80%
十一、相關 服務記錄	1.請語言治療師到校評估（結果：表達能力不錯，將來可考慮繼續升高職特教班） 2.請職能治療師到校評估，並做教學建議（結果：手眼協調能力）
十二、IEP 評量與檢討	1.能認識兩性隱私部位：完成短期目標3/4個 2.能在一學年內通過小學四年級國語課成就測驗：通過 3.能在一學年內通過小學三年級數學課成就測驗：通過 4.能唱一首流行歌曲：完成短期目標3/3個

【附錄二】智障者功能檢核表範例

學生姓名：＿＿王大同＿＿　　　　　　　　　日期：＿＿＿＿＿＿＿

一、評量者：＿＿王媽媽＿＿　　■家長　　□導師　　□其他＿＿＿＿＿

說明：智能不足係指個人某些能力的缺陷，呈現一般智能表現顯著的低於平
　　　均數（低於兩個標準差），同時在下列應用性的適應能力領域中存在
　　　二個（含）以上有關障礙：溝通、自我照顧、居家生活、社會互動、
　　　休閒娛樂、社區使用、健康與安全及功能性學業。可利用下列檢核表
　　　評量學生之現況能力：其中 1 表未具備該項能力、2 表能力較差、3 表
　　　能力普通尚可、4 表能力不錯、5 表完全具有該項能力。

適應能力領域	具體表現之技能	能力表現成熟度
一、溝通能力	1. 口語表達	1□ 2□ 3□ 4■ 5□
	2. 看懂圖示符號	1□ 2□ 3■ 4□ 5□
	3. 利用臉部表情示意	1□ 2□ 3■ 4□ 5□
	4. 善用肢體語言	1□ 2□ 3□ 4■ 5□
	5. 書寫表達	1□ 2■ 3□ 4□ 5□
二、自我照顧	1. 如廁	1□ 2□ 3□ 4■ 5□
	2. 穿衣	1□ 2□ 3□ 4■ 5□
	3. 飲食	1□ 2□ 3□ 4■ 5□
	4. 漱洗與衛生習慣	1□ 2□ 3□ 4■ 5□
	5. 整理儀容	1□ 2□ 3■ 4□ 5□
三、居家生活	1. 洗滌與整理衣物	1□ 2■ 3□ 4□ 5□
	2. 簡易烹飪	1□ 2■ 3□ 4□ 5□
	3. 室內清理工作	1□ 2■ 3□ 4□ 5□
	4. 家電用品使用	1□ 2□ 3■ 4□ 5□
	5. 安排生活作息	1□ 2■ 3□ 4□ 5□

（續）

四、社會互動	1. 自我介紹	1☐ 2☐ 3■ 4☐ 5☐
	2. 對別人問話或要求做適當反應	1☐ 2☐ 3■ 4☐ 5☐
	3. 接納同儕	1☐ 2☐ 3■ 4☐ 5☐
	4. 與他人分享	1☐ 2☐ 3■ 4☐ 5☐
	5. 能尋求協助	1☐ 2☐ 3■ 4☐ 5☐
	6. 規範自己行為	1☐ 2☐ 3■ 4☐ 5☐
五、社區使用	1. 到商店購物	1☐ 2☐ 3■ 4☐ 5☐
	2. 到餐廳用餐	1☐ 2☐ 3■ 4☐ 5☐
	3. 使用社區中的娛樂設施（如公園）	1☐ 2☐ 3■ 4☐ 5☐
	4. 使用社區中的服務設施	1☐ 2☐ 3■ 4☐ 5☐
	5. 搭乘公車	1☐ 2■ 3☐ 4☐ 5☐
六、健康與安全	1. 攝取均衡的飲食	1☐ 2■ 3☐ 4☐ 5☐
	2. 正常的作息習慣	1☐ 2☐ 3■ 4☐ 5☐
	3. 預防與處理病痛	1☐ 2☐ 3■ 4☐ 5☐
	4. 躲避危險，維護自身安全	1☐ 2☐ 3■ 4☐ 5☐
	5. 正當的兩性互動行為	1☐ 2☐ 3■ 4☐ 5☐
七、休閒娛樂	1. 能選擇適齡的休閒活動	1☐ 2☐ 3■ 4☐ 5☐
	2. 獨自進行個人的休閒娛樂活動	1☐ 2☐ 3☐ 4■ 5☐
	3. 與他人分享休閒娛樂	1☐ 2☐ 3☐ 4■ 5☐
	4. 掌握休閒活動的進行	1☐ 2☐ 3■ 4☐ 5☐
	5. 培養適當的個人嗜好	1☐ 2☐ 3■ 4☐ 5☐
八、功能性學業	1. 閱讀	1☐ 2■ 3☐ 4☐ 5☐
	2. 寫作	1☐ 2■ 3☐ 4☐ 5☐
	3. 實用數學	1☐ 2■ 3☐ 4☐ 5☐
	4. 時間概念	1☐ 2■ 3☐ 4☐ 5☐
	5. 金錢概念	1☐ 2■ 3☐ 4☐ 5☐

二、綜合評量結果（能力分析側面圖）

領域	總分	評量得分	百分比	能力表現成熟度
1.溝通能力	25	15	60%	60
2.自我照顧	25	15	60%	60
3.居家生活	25	11	44%	44
4.社會互動	30	18	60%	60
5.社區使用	25	14	56%	56
6.健康與安全	25	14	56%	56
7.休閒娛樂	25	17	68%	68
8.功能性學業	25	10	40%	40

（能力表現成熟度刻度：10　20　30　40　50　60　70　80　90　100）

綜合評量分析說明：

（含學習優缺點、適合之評量方式及障礙狀況對其在上課及生活之影響）

1. 王生最佳能力表現在休閒娛樂方面，最差在功能性學業方面。在普通班其學業會有影響，應該考慮課程調整，寫字能力及數量概念、金錢概念等都亟需加強。
2. 王生具基本功能性溝通能力，以口語為主，無法書寫表達。能與普通班同學互動。
3. 王生居家生活及自我照顧能力方面，需要依賴父母的協助。

【附錄三】國語文能力檢核表

國語文能力檢核表

學生姓名：_____ 日期：_____

評量者：_____ □家長 □導師 □其他_____

一、注音符號	二、書寫能力	三、寫作能力
( )1.辨認不清	( )1.格局扭曲（左右顛倒）	( )1.聽音辨別不清
( )2.發音錯誤	( )2.字體過大或過小	( )2.書寫注音錯誤
( )3.四聲混淆不清	( )3.字形錯誤	( )3.同音別字
( )4.不會二拼音	( )4.筆順不正確	( )4.同形別字
( )5.不會三拼音	( )5.漏字、漏行、添字、增行	( )5.句意扭曲或混淆
	( )6.書寫速度慢	( )6.少字或增字
	( )7.無法抄寫、書寫	( )7.標點符號錯用或遺漏
四、朗讀能力	五、接收語言	六、表達語言
( )1.不連貫（重複、顛倒）	( )1.口語接收不完整	( )1.口語語句不完整
( )2.增字、減字	( )2.口語理解不切題	( )2.口語回答不切題
( )3.斷句錯誤	( )3.文字接收不完整	( )3.文字句型不完整
( )4.錯讀	( )4.文字理解不切題	( )4.文字回答不切題
( )5.音量過小	( )5.注意力不集中	( )5.拒絕回答
( )6.無法朗讀		
七、造詞能力	八、造句能力	九、記憶能力
( )1.有限	( )1.句型不正確	( )1.注音符號不正確
( )2.錯用	( )2.達意不清	( )2.國字的字形不正確
( )3.不明詞性	( )3.句型缺少變化	( )3.國字的筆劃順序不正確
( )4.無法朗讀	( )4.疑問型態錯用	( )4.課文背誦不完全或不正確

十、閱讀理解	十一、其他能力概述
( )1.字意理解不完全或不正確	_____
( )2.詞意理解不完全或不正確	
( )3.句意理解不完全或不正確	_____
( )4.無法說出段落大意	
( )5.課文內容扭曲或混淆	_____

( )填寫方式：
0‧未有該項敘述之情況發生
1‧表示偶爾如此
2‧表示經常如此
3‧表示總是如此

【附錄四】美國學前特教班 IEP 範本（英文）

Last Name: **Lee**_____,　　First Name: **Ford**_____,　　IEP Date: **2/20/04**

INDIVIDUALIZED EDUCATION PROGROM (IEP)
I. SUMMERY OF STUDENT INFORMATION

TYPE OF MEETING	DATES
X Initial Plan	This IEP **2/20/03**
Eligible **X** Not Eligible__	Implementation Date **2/21/03**
No Parent Signature__	Duration **1yr** Next IEP **2/9/04**
__Annual/Triennial Review (circle one)	Last IEP _____ Initial IEP **2/20/03**
__No Change	Last Assessment Determining Eligibility **2/12/03**
__Change	Next Triennial Assessment **2/11/04**
Add Services_____	
Drop Services_____	
__Pre-K Transition to Kindergarten	
__Kindergarten Transition to 1st grade	
__Other_____	
__Review of Interim (Date entered SFUSD __/__/__)	
__Addendum to IEP dated __/__/__	

STUDENT INFORMATION

Last Name **Lee**_____ First Name **Ford**_____ HO# **88252xxx**_____

DOB **2/24/00** Age **3** Sex **M** Ethnicity____ English Language Learner___(if ELL, address in goal section)

Home Language **English** Student's Language **English** Interpreter Required __ in _____

Student Address **4201 Morgan St.**___ zip **94122xxx** Student Phone **7596xx**

Parent/Guardian_____ **..** Address **Same**_____ Home phone _____ Work_____

School_____ Grade_____ Specify: District **X**___ Private____ NPS___ Out of District_____

Reside in: Home **X**___ Foster Home____ Licensed Children's Institution_____

ELIGIBILITY (Disability/Category- check only one) Severe X___ Non-Severe___

(To be completed after Section II, DESCRIPTION OF STUDENT EDUCATIONAL PERFORMANCE)

____Speech of Language Impairment	____Specific Learning Disability **	____Emotionally Disturbed
____Deaf *(LI)	____Orthopedically Impaired* (LI)	____Cognitively Impaired

Last Name: **Lee**_____ ,   First Name: **Ford**_____ ,   IEP Date: **2/20/04**

____Hard of Hearing *(LI)	____Other Health Impaired*	**X**_ Autistic
____Deaf/Blind *(LI)	____Established Medical Disability* (0-5 years)	____Multiple Disabilities
____Visually Impaired *(LI)	____Traumatic Brain Injury*	

*Required Physician Report / appropriate
 documentation
**Attachment C may be necessary
___ Low Incidence Eligible (LI)
___ Medi-Cal Eligible *NO*

DISTRIBUTION INSTURCTIONS:
Original – Pupil Services File **Copy 1-**Placement Office
Copy 2 – Parent /Guardian   **Copy 3-**Cum Folder

Last Name: **Lee**　　　,　　First Name: **Ford**　　　　　　,　　IEP Date: **2/20/03**

II. DESCRIPTION OF STUDENT EDUCATIONAL PERFORMANCE

SUMMARY OF ASSESSMENTS

DATE	TYPE OF REPORT	Submitted by Title/NAME	ASSESSMENT RESULTS
2/12/03	~~Psychoeducational~~ – **Developmental**	**Early Childhood**	**Demonstrates delays in cognitive/play skills, motor skills, self help**
	Educational (Standardized Tests)	**Special Educator**	**Skills, Communication skills, social emotional skills**
2/12/03	DIS(specify) **Speech Language Evaluation**	**Speech/Language therapist**	**Receptive language @9-12 months; expressive language @ 12-months; limits/pragmatic skills**
	State/District Mandated Assessments (Sat 9, IWA, Proficiency, Brigance, etc)	**Physical therapist**	
	Teacher / Classroom Assessments, Observations (May attach Report Card)		
8/2/02	Other **Psychological report**	**Mary Ph.D. – GGRC staff psychologist**	**Cognitive abilities//Adaptive behavior skills mildly to moderately impaired; Autistic Disorder**

Vision Screening Date: ___ / ___ / ___　**Passed** ___　**Not passed** ___　**Screened at:** ___
Hearing Screening Date: **5** / **12** / **02**　**Passed** **x** **Not Passed** ___　**Screened at:** ___

PRESENT LEVELS OF ACADEMIC/FUNCTIONAL PERFORMANCE

Student Areas of **Strength:** (Include parent/guardian observations and concerns; describe classroom performance, academic skill levels, including data from chart above as needed.)
Strong visual skills, some indications of a good memory, learns by watching others, enjoys being with other children and watching them. Learns with pictures

Student Areas of **Need:**
Cognitive, motor, self-help, communication, social emotional skill are delayed

Last Name: **Lee**   ,   First Name: **Ford**   ,   IEP Date: **2/5/03**

BEHAVIOR

Does student behavior impede his or her own learning? yes____ no **X** learning of others? yes____ no **X**

If yes, address INTERVENTIONS in goal section and COMPLETE BEHAVIOR SUPPORT PLAN ATTATCH-ENT B

Describe Student Behavior: *Affective with family members; prefers specific adults; plays near peers and some-times watches them; can get frustrated with requests not understood ; cries and pushes people away; may join peers in running game outsides.*

Describe Social Interaction Strengths and Needs: _____
_____
_____

COMMUNICATION

Describe Student Communication Skills and/or Language Needs: *limited use of words, pictures; inconsistent responses to and use of words.*

__ELL (If Student is ELL, as determined by Bilingual Education and Language Academy, address need for Lin-guistic Goal(s) in Goal Section of IEP

__Deaf __ Hard of Hearing __ Augmentative and Alternative Communication Devices Currently in Use:

(Describe Opportunities for Direct Instruction and Communication with Peers and Adults in

Student Language, and/or Mode of Communication: _____
_____

HEALTH CONCERNS

Gets sick easily; gets ear infections; flu after stays sick for 10 days

* After Concluding **Description of Student Performance,** Return to PAGE 1 to indicate **Eligibility.**

Last Name: **Lee**   , First Name: **Ford**   No#   DOB **2/24/00**   Age **3**   Date: **2/20/03**

Present Levels of Academic/Functional Performance

Parent concerns, Ford's speech development, his eating; nutrition, Parents would like Ford to learn how to use the toilet. Ford's parents would like for him to learn to be more independent.

Motor Skills: Walks with a narrow base of support, going from one surface to another without difficulty. Runs at play, but often runs into obstacles or other children in his path. He walks up stairs after rating feet without support. Goes down stairs foot to foot without support. Goes up and down . A slice without assistance. Builds a tower using 9 cubes. Strings 2-3 beads. Using a shoe lace. Makes circular scribbles holding & marker with a cylindrical grasp. Completes a shape sorter of a square, circle, rectangle; triangle using trial & error. Takes toys out of container & puts many toys back in. Ford is beginning to go around other children & obstacles, more often at home than at school.

Cognitive/play Skills: Ford identifies more than 6 body parts, point to pictures in a book when asked. Understands the names of several toys objects, assembles 5 nesting cups, completes 9 piece puzzle. He looks at the picture on a puzzle piece and matches the same picture on the puzzle board, Ford Matches 2 pairs of objects, He is beginning to match red objects together. Parent reports he remembers the steps needed in order to get what he wants. He watches others, remembers what he saw, such as turning on the light, television, computer, putting the cordless phone back in the recharger correctly. Counts by rote to 10. Beginning to play hide and seek with his broken after seeing this modeled by his brother and his mother.

Self Help Skills: Ford is not very interested in eating. He is a picky eater. He will eat plain rice, but he won't eat it if it's mixed with food that has a small, chips are his favorite food. He likes fruit. He finger feeds . will eat off a spoon held by an adult. He often puts tiny objects in his mouth including little rocks. He holds & drinks from an open cup with some spilling. At home he drinks milk from a bottle and juice from a cup. He wants mostly milk. He sits on the toilet when parents bring him there, has had a bowel movement in the toilet when parents anticipated he was going to have a bum.

Social Emotional Skills:
At home, prefers his mother or aunt to meet his needs. At home, he gets upset very easily if the adult doesn't know what he wants. He explores the environment enthusiastically – safety precautions important. Attempts self direction. He enjoys being the center of attention in a family group. He expresses affection. Shows jealousy at attention given to others. Shows a wide variety of emotions.
Engages in parallel play, interacts with peers using gestures (emerging), defend possessions. Watches other children, will join them in a running around the yard game. He is beginning to tolerate playing   to another child- This may involve into a game with the other child if Freddy is interested or in the mood and he likes the toys/material they are playing with.

Functional Performance – continued
Communication: hears Indonesian and English at home. Uses some words /word-approximations in each languages, mostly English. Receptive languages skills fairly solid at 9-12 month level with some scattered skills to 18-month level; expressive language and speech skills at about 12-month level; some scattered labeling abilities at higher level; limited pragmatic skills.

Last Name: **Lee**_____, First Name: **Ford**_____, IEP Date: **2/20/03**

III. GOALS AND PLANS

Before formulating NEW/REVISED MEASURABLE ANNUAL GOALS and SHORT TERM OBJEC-TIVES, review GOALS and SHORT TERM OBJECTIVES from previous IEP/Progress Report, and document progress on IEP found in Brown Pupil Services File.

BEHAVIOR PLAN ATTACHED? Yes___ No **X**   **TRANSITION PLAN** ATTACHED? Yes___ No **X**

TRANSITION SERVICES:

For Ages 14 & 15, describe Transition Service needs related to courses of study: _____

_____

For Age 16 and up, complete Attachments E. 1 and E. 2

MEASURABLE ANNUAL GOALS & SHORT TERM OBJECTIVES (BENCHMARKS)

(Report Card to be completed by appropriate teachers and sent home at regular intervals as with all general education students)

ANNUAL GOAL # **1**   NEW **X**   CONTINUING _____   REVISED **X**___

Area of Need: *Self-help   (toileting)*_____.
Annual Goal: *Ford will indicate his need to use the toilet.*_____
Baseline: *wears diaper at school; will have lower moment in toilet if taken in time at home*
Criteria: *75% of the time on a daily basis*

Does this goal:
(1) enable the student to be involved? Progress in general curriculum? Yes **X**___ no_____
(2) address other educational needs resulting from the disability? Yes **X**___ no_____
(3) address parental concerns? Yes **X**___ no_____

1. Short-term Objective (Benchmark): *Ford will sit on the toilet when taken by an adult*_____
   Baseline: *same as above*
   Criteria: *on a regular basis each day.*
   Person(s) Responsible: *Special education staff , Ford*   Date: **5/ 20 / 03**

2. Short-term Objective (Benchmark): *Ford will use the toilet when taken on a regular schedule*
   Baseline: *same as above*_____
   Criteria: *on a daily basis; 80% of the time*
   Person(s) Responsible: *Special education staff, Fordy*   Date: **9/ 20/ 03**

Last Name: **Lee**　　　,　　First Name: **Ford**　　　　　,　　IEP Date: **2/20/03**

3. Short-term Objective (Benchmark): *Ford will use a card and /or picture to indicate his need to use the toilet*

Baseline: *same as above*

Criteria: *75% of the time on a daily basis*

Person(s) Responsible: *Special education staff, Ford*　　　Date: **2/ 20 / 04**

MEASURABLE ANNUAL GOALS & SHORT TERM OBJECTIVES (BENCHMARKS)

(Report Card to be completed by appropriate teachers and sent home at regular intervals as with all general education students)

ANNUAL GOAL # **2**　　NEW **X**　　CONTINUING _____　　REVISED ____

Area of Need: *Cognitive/pre-academic*

Annual Goal: *To increase cognitive/pre-academic skills.*

Baseline: *Emerging gathers red objects together, matches 2 sets of identical objects*

Criteria: _____

Does this goal:

(1) enable the student to be involved? Progress in general curriculum? Yes **X**　 no_____

(2) address other educational needs resulting from the disability? Yes **X**　 no_____

(3) address parental concerns? Yes **X**　 no_____

1. Short-term Objective (Benchmark): *Ford will match colors when given toys and objects that include red, black and white or another color /colors that he likes during teacher led activities.*

Baseline: *beginning to put red toys/items together*

Criteria: *with 80% accuracy, for 2- 3 different colors.*

Person(s) Responsible: *Ford, family, classroom staff.*　　Date: **5/ 20 / 03**

2. Short-term Objective (Benchmark): *Ford will match shapes, including ○, △, □ during teacher led activities.*

Baseline: *see above*

Criteria: *with 80% accuracy*

Person(s) Responsible: *Ford, family, classroom staff.*　　Date: **9/ 20/ 03**

3. Short-term Objective (Benchmark): *Ford will give one or two of many when asked by adult with verbal prompt and gestural and picture support*

Baseline: *Ford corrects by rate to at least ten.*

Criteria: *80% of the time*

Person(s) Responsible: *Ford, family, classroom staff.*　　Date: **2/ 20 / 04**

Last Name: **Lee**   ,   First Name: **Ford**   ,   IEP Date: **2/20/03**

MEASURABLE ANNUAL GOALS & SHORT TERM OBJECTIVES (BENCHMARKS)

(Report Card to be completed by appropriate teachers and sent home at regular intervals as with all general education students)

ANNUAL GOAL # **3**   NEW **X**   CONTINUING ____   REVISED ____
Area of Need: *Social interaction/play skills*

Annual Goal: *To increase social interaction/play skills*
Baseline: *plays near other children. Joins children in running game in yard.*
Criteria: _____

Does this goal:

(1) enable the student to be involved? Progress in general curriculum? Yes **X**   no____
(2) address other educational needs resulting from the disability? Yes **X**   no____
(3) address parental concerns? Yes **X**   no____

1. Short-term Objective (Benchmark): *Ford will approach another child and join in play with him or her with adult support/ facilitation.*
   Baseline: *see above*
   Criteria: *1 to 2 denies per day or 5-10 minutes during play provide as observed and recorded by classroom staff over 3 days.*
   Person(s) Responsible: *Ford, family, classroom staff.*   Date: **5/20 / 03**

2. Short-term Objective (Benchmark): *during the school day, Ford will show or exchange materials/toys with another child engaged in the same activity.*
   Baseline: *see above*
   Criteria: *2 times per day during play times and teacher led activities as recorded by classroom staff over 3 days.*
   Person(s) Responsible: *Ford, family, classroom staff.*   Date: **9/ 20 / 03**

3. Short-term Objective (Benchmark): *Ford will gesture, vocalize and show a picture to another child during the school day.*
   Baseline: *see above*
   Criteria: *6-8 times per day over the school day as recorded and observed by classroom staff over 3 days.*
   Person(s) Responsible: *Ford, family, classroom staff.*   Date: **2/ 20/04**

（備註：其餘溝通、動作長短期目標略）

Last Name: **Lee**   ,   First Name: **Ford**   ,   IEP Date: **1/16/04**

IV. INTERVENTIONS/SERVICES

SERVICE SPECIFICATIONS

Excludes non-student days per school calendar and provider/student absences

RSO	DIS	Services Delivery Model	Start./End Date	Frequency/Time Per Wd/Mo/Yr	Service Location
	Sp/ Language	Small group & consult	2/21/03-2/20/04	60 minutes Per week	School site

SPECIAL EDUCATION TRANSPORTATION

____ Transportation Services NOT NEEDED

____ Continuing Need

x New Request: Approximate Start Date for Transportation Service: ___/___/___ *At parent request.*

Check as appropriate:

Type of Transportation:

____ General Education Feeder Pattern

____ Muni (Youth)/____ Muni (Disabled)/____ Muni (Adult)

____ Special Requirement:

X Door to Door

____ Wheelchair   **X** Harness   ____Aide/Para   ____Nurse

____ Parent will transport student until bus service begins

____ Student will be travel trained and transportation discontinued by ___/___/___

____ Special Considerations (Specify: seizures, G-tube, shunt, restricted travel time, behavior, etc.):

_____

ADDITIONAL SUPPLEMENTARY AIDS & AIDS & SERVICES **X** Not Appropriate at this time **X** Start Date:

____ Assistive Technology Devices/Services _____ Braille Instruction____ Braille Materials _____

____ If the visually impaired student is not receiving instruction in Braille and the use of Braille, state rationale based on evaluation of student's reading and writing skills and specify the appropriate reading and writing instruction (if appropriate, describe the student's future needs for Braille instruction/use):

_____

SPECIFY SUPPORTS FOR SCHOOL PERSONNEL: Not Appropriate at this time **X**

____ Specify and describe additional support for school personnel (to assist students in attaining goals and progressing in general curriculum). Provide appropriate documentation and specify frequency/duration).

_____

EXTENDED SCHOOL YEAR NEEDED (ESY)   Yes **X**   No____ Not appropriate at this time ____

(If NO, student may enroll in regular district summer program). Details specific ESY needs on Continuing Notes page if more space is necessary.

Last Name: **Lee**   ,   First Name: **Ford**   ,   IEP Date: **2/20/03**

<u>SUPPORTS AND MODIFICATIONS:</u> (To assist student in attaining goals, and progressing in general curriculum)

1. Access to/Use of Supplementary Aids and Services in ☐ **= General Education O=Special Education**
   Duration: *One year*

☐ calculator O	☐ modified/alternative textbooks and/or workbook O	☐ someone to read material O
☐ reading marker O	☐ manipulative materials O	☐ visual aids to support instruction **O**
☐ tape recorder (lecture and instruction) O	☐ times tables O	☐ study carrel O
☐ taped material/talking books/ adapted furniture O	☐ augmented/alternative communication devices O	☐ preferential seating O
☐ lined paper, lined columns O	☐ computer O	☐ other: **picture for communica-tion** **o**

2. Instructional Modifications in ☐ **= General Education O=Special Education Duration:** *One year*

☐ allow previewing of content, concepts and vocabulary O	☐ have student repeat directions to check for understanding O	☐ material should be broken down into manageable parts ×
☐ check work frequently to determine level of understanding O	☐ directions should be simplified as needed- oral, short, specific, repeated ×	☐ oral directions should be supported with visual backup **O**
☐ Use techniques of repetition, review And summarization O	☐ Provide frequent feedback and praise ×	☐ other × **use visual aids**

3. Assignments in ☐ **= General Education O=Special Education Duration:** *One year*

☐ written on board O	☐ extra time for completion O	☐ substitute projects for written work O
☐ given orally as well as written O	☐ completed orally (or taped) O	☐ provide printed copy of board work/notes O
☐ Provide study guides/ questions O	☐ Provide extra review/drill and worksheets O	☐ assignments notebook O
☐ reduces/shorten reading assignments o	☐ reduce/shorten written assignments O	☐ reduce number of spelling words O
☐ lower reading level of material O	☐ provide peer assistance O	☐ other
☐ allow difficult assignments to be completed in another setting O	☐ provide individual assistance O	

Last Name: **Lee**＿＿＿＿，　　First Name: **Ford**＿＿＿＿＿＿，　　IEP Date: **2/20/03**

4. Grading Modifications in ☐ **= General Education O=Special Education Duration:** *One year*

☐ extra time for completion　O	☐ lower readability　O	☐ fewer questions/problems　O
☐ recognition format (two possible answers　O	☐ alternative/modified grading procedures　O	☐ presented orally with written O response
☐ short answer format　O	☐ recall with cues format (word bank of 10 or less)　O	☐ alternative to tests (projects, reports, etc.)　O
☐ use of study sheets, notes, open book　O	☐ accept close approximations O when appropriate	☐ include class participation　O in evaluation
☐ scheduling (time of day, frequency, duration)　O	☐ individual/small group testing　O	☐ other　O

5. Testing Modifications for ＿＿ **classroom tests** ＿＿ **standardized tests** ＿＿＿ **proficiency tests**

Setting	Format and Equipment	Scheduling
☐ Individually　O	☐ Large print materials　O	☐ At time of day most beneficial to student (specify)　O
☐ In a carrel　O	☐ Optical to tactile transformation To device　O	☐ Until, in the administrator's judgement, the session should be terminated.　O Additional sessions may be scheduled provided the test is completed by final test date
☐ In a small group　O	☐ Amplification equipment　O	☐ At several sessions up to　O ＿＿＿ Minutes with rests between
Recording ☐ Mark answers in test booklets　O	☐ Place markers, templates, graph paper, etc.　O	☐ With extended time limits as needed　O
☐ Mark answers by machine (word processor, typewriter, etc)　O	☐ Braille materials　O ☐ Magnifying equipment　O	
☐ Provide written response on special paper　O	☐ Have answers recorded, recopied or verified by proctor or assistant (not written test)　O	

Last Name: **Lee**   ,   First Name: **Ford**   ,   IEP Date: **2/20/03**

PARTICIPATION IN STATEWIDE TESTING

_____ **Standard** (No Modifications)	_____ **Non-Standard Modifications**
_____ **Standard Modifications**	_____ Braille Test
_____ Flexible Setting	_____ Flexible Scheduling
_____ Large Print Test	_____ Revised Test Format
_____ Revised Test Directions	_____ Use of Aids and/or Aides to Interpret Test Item

If 'exempt', the reason is _____

If 'exempt', **alternative assessment will include** _____

This state does not do statewide testing on preschool age children

Last Name: **Lee**   ,   First Name: **Ford**   ,   IEP Date: **2/20/03**

V. GENERAL EDUCATION/SPECIAL EDUCATION PARTICIPATION

Student participates in general education with the exception of (List subject areas/classes, activities, and/or pullout services away from general education):

_____

_____

Description of how student disability affects involvement and progress in general curriculum and/or appropriate activities:

Needs intensive assistants to participate in classroom routines, limited communication and social skills.

Preschool age child participates in developmentally appropriate activities that include:

Circle time, outdoor play, manipulative activities

Modifications required for student to participate in school-related extracurricular and nonacademic activities for which student is otherwise eligible (assemblies, field trips, etc.) _____

_____

When transitioning a student from Special Day Class (SDC) or Non-public (NPS) to a full time general education placement, describe activities, supports, and schedule to be used to integrate the student:

_____

TOTAL TIME IN GENERAL EDUCATION:

_____ 100%

_____ 80-99%

_____ 40-79%

__**X**__ 1-39%

_____ 0% Explain:_____

DISCUSSION OF PLACEMENT/SERVICE OPTIONS   DISCUSSED?

1. General Education with Supplemental Aids and Services, Modifications, Supports   Yes **X** No__
2. General Education with Special Education Consultation _____   Yes **X** No__
3. General Education with Special Education Resource _____   Yes ___ No**X**
4. Special Education Day Class _____   Yes **X** No__
5. Hospital/Homebound Instruction _____   Yes ___ No**X**
6. Other (i.e. NPS, State Special Schools) *consultation, Language groups,*
   Language & Learning class   Yes **X** No__

Last Name: **Lee**_____, First Name: **Ford**_____, IEP Date: **2/20/03**

After completing description of INTERVENTIONS/SERVICES, GOALS, and GENERAL EDUCATION/ SPECIAL EDUCATION PARTICIPATION, indicate **PLACEMENT OFFER** below:

VI. SUMMARY OF PLACEMENT OFFER (To be completed after IEP is developed):

____ General Education Classroom/DIS ONLY ____ General Education Classroom/INCLUSION ____ General Education Classroom/RSP

_____ **X** SDC (Special Day Class) _____ NPS (Non-Public School)

X Speech ____ Vision ____ Orientation/Mobility ____ Physical Therapy ____ Occupational Therapy

____ Community Mental Health ____ Adaptive PE **X** Transportation ____ Other DIS Related

____ Supports ____ Modifications **X** ESY (Extended School Year)

VII. PARTICIPANTS OF IEP COMMITTEE IN ADDITION TO PARENT/GUARDIAN

(Please print name ABOVE title)

Name	Signature	Date	Name	Signature	Date
Susan Axxx	*Susan Axxx*		*Karxxx King*	*Karxxx King*	3/20/03
Administrator** *Designee*	designee		Special Ed Teacher *Carol Cxxx*	*Carol Cxxx*	2/20/03
Student (optional)			General Ed Teacher		
Speech/Language			Other:		
Other			Other:		

** Required for valid IEP (Signature indicates attendance only)

Transfer of Rights ____ Upon reaching age 17, student and parent/guardian have been informed of the rights which transfer to the student upon reaching the age of majority (18), unless student is conserved.

PARENT/GUARDIAN SIGNATURE

X I have received a notice of my Parental Rights and Procedural Safeguards for Special Education and understand them

X I agree with the recommendations and give consent to implement.

____ I agree with the recommendations and consent to implement, with the exception of

_____

____ I disagree with the entire IEP (Dissenting Statement IS /IS NOT attached)

X I have received all copies of reports determining eligibility.

X I have participated in the development of the IEP

** **Parent/Guardian Signature:** *Maraxxxn*_____ **Date:** *2/20/03*____

If NO parent signature, complete Attachment F and submit with IEP to EPC/Special Education School Assignments.

姓名：<u>李美麗</u>　　<u>94 學年度</u> IEP

【附錄五】啟智班 IEP 範本

一、基本資料

姓名	李美麗	性別	□男□女	出生日期	85.10.11
就讀學校	○○國小	班別	啟智班		
學號	xxxx	血型	B	身分證字號	Kxxxxxx1
障礙類別	智障	等級	中度	身障手冊	□有　□無
家長姓名	李大同			關係	父女
學生主要語言	國語				
通訊地址	新竹市○○路○巷○○弄○○號				
電話	09321××××				
成長史	1. 出生時父親 27 歲，母親 23 歲 2. 母親懷孕時是否有患病： 　☑否　　□是 3. 母親懷孕時是否有服藥： 　☑否　　□是 4. 出生時：☑順產　□難產 　　　　　□剖腹產 　　　　　□其他 5. 學齡前發展狀況： 　<u>1</u>歲<u>6</u>月走路，<u>1</u>歲<u>8</u>月說話。 6. 學齡前教育狀況： 　在○○幼稚園學校<u>2</u>年	身心特徵	1. 外觀：唐氏症，乾淨 2. 伴隨障礙：無 3. 重大疾病：無 4. 長期服用藥物：無 5. 特殊行為： 　喜歡節奏強烈的音樂 6. 特殊喜好： 　喜歡跳舞、唱歌 7. 特殊厭惡： 　吃麵包		
評量方式或工具	1. 簡易智力測驗：智商 45				

姓名：<u>李美麗</u>　　<u>94 學年度</u> IEP

二、優弱勢能力分析

學習能力	能力分析	
	優勢能力	弱勢能力
認知能力	1. 能理解 5 個字句子，能完成 5 種配色遊戲 2. 數與實物的配對能完成 10 個	1. 時間的前後順序顛倒 2. 對一件事情的敘述無法連貫
溝通能力	1. 能表達自己的需求 2. 遇到同學時，能主動和他說話	1. 運用的語句多是單語 2. 二聲與四聲混淆
行動能力	1. 能配合音樂的節奏 　左右前後移動腳步 2. 能上下樓梯	能自行從家裡走到學校上課
人際關係	1. 與同學和睦相處 2. 聽從老師指令	不會在適當時機，說「請、對不起、謝謝」
感官功能	1. 對穿著的顏色敏感，有很好的配色能力 2. 放音樂時可配合拍子跳舞	不能知覺危險的環境
生活自理能力	會獨立穿脫衣服	用餐時，常把食物掉落在桌面，手部精細動作夾的能力不足
學科能力	1. 語文較好，生活基本用語都可以流暢表達 2. 1~50 的數概念清楚	1. 數學理解應用須多加強 2. 功能性學業能力有待加強
情緒表達能力	1. 情緒穩定，生氣時只要稍加安撫就可以了 2. 生氣時會用口語表達給旁人知道	有怕生的問題

姓名：<u>李美麗</u>　　<u>94 學年度</u> IEP

三、學生輔導項目與方式

學業輔導	生活輔導
■作業調整：教師自編作業單或學習單	□輔具提供：
■評量調整：除紙筆測驗，增加口試與實作評量。與普通班的評量時間相同	□行為輔導：
□座位調整：	■同儕輔導：指派一位能力較佳的學生當其小老師，並帶領他參與團體活動
□輔具提供：	■飲食輔導：助理教師打菜時不因為學生討厭此項食物而不給予，並要求學生要吃完才可以離席
■同儕輔導：派請小老師協助課業，並多舉行小組活動	■穿著輔導：因該生不會依天氣狀況調整穿著，老師須依天氣狀況提醒該生衣服的增減
□分組方式調整：	□衛生輔導：
■課程與教材調整：濃縮與適性化課程編排	□交通服務：

四、融合教育

普通班課程

項目	時間
國語	三節／週
數學	三節／週

姓名：<u>李美麗</u>　　<u>94 學年度</u> IEP

課外活動

項目	時間
綜合	二節／週
健體	二節／週

非學科課程活動

項目	時間
升旗典禮	15 分／天
打掃	10 分／天
降旗典禮	10 分／天

五、障礙狀況對其上課及生活之影響及調整

內容	在普通班上課之影響		對生活之影響	
	無影響（請✓）	有影響（請說明調整方式）	無影響（請✓）	有影響（請說明調整方式）
1.認知能力		利用文字及圖卡配合協助學習		利用同儕、課餘時間加強
2.溝通能力		利用簡單的單字和句子來表達自己的意見		利用簡單的單字和句子來表達自己的意見
3.行動能力	✓		✓	
4.情緒		利用簡單文字表達自己的情緒		利用簡單文字表達自己的情緒
5.感官功能	✓		✓	
6.生活自理	✓		✓	
7.語文能力		將文字詞句與圖片結合，並提供實際環境作為練習機會		利用文字及圖卡來表達自己的需求和同儕溝通
8.數學能力		增加課後個別輔導時間		增加課後個別輔導時間

姓名：李美麗　　94 學年度 IEP

六、相關服務

服務類型	地點	時間	起始時間	持續多久
語言治療	知動教室	40'/週	9/1/94	一學期
職能治療	知動教室	40'/週	9/1/94	一學期

七、行政支援

項目	方式	負責單位（人）
編班	協調融合的班級	教務處
交通車	上下學接送	總務處

八、使用的評量方式

　　□普通正常

　　□微調：　　■時間：考試時間增長；

　　　　　　　　■考試頻率由普通班的三次減少為兩次

　　　　□設備

　　　　□回答的方式

　　　　■呈現的方式：指導語要簡短清楚

姓名：李美麗　　94 學年度 IEP

九、各領域長短期目標

長期目標（一學年）	1. 生活教育：注意天氣的變化並能自行判斷是否要添加衣物 2. 社會適應：能自行到社區的便利超商買東西至少 3 樣 3. 實用數學：能知道日期與作息的配合 4. 實用語文：能分辨二聲與四聲 　　實用語文：能在適當時機說出「請、對不起、謝謝」 5. 休閒教育：能唱一首兒歌 6. 職業生活：能知道學校裡有哪些職業的人

			日期	結果			日期	結果
短期目標（一學期）	生活教育	1. 能說出連續三天的天氣名稱	3/24	80%	社會適應	1. 能自行到社區的便利超商買東西至少 1 樣	3/25	80%
		2. 能嘗試三次正確說出夏天圖卡與夏季衣服的配對	4/24	80%		2. 能自行到社區的便利超商買東西至少 2 樣	4/25	80%
		3. 能嘗試三次正確說出冬天圖卡與冬季衣服的配對	6/24	80%		3. 能自行到社區的便利超商買東西至少 3 樣	6/25	70%
	實用語文	1. 能在利用「圖片兌換溝通系統」作要求時說「請拿給我」	3/23	80%	休閒教育	1. 能說出一首兒歌的歌名	3/25	80%
		2. 在三種教師設計情境中會說「謝謝」	4/23	80%		2. 能哼唱一首兒歌的旋律	4/25	80%
		3. 以角色扮演演出一部短劇，並說「對不起」	5/23	80%		3. 能正確地唱出該兒歌歌詞且正確率達 100%	6/25	80%
		4. 能利用口訣分辨四聲與二聲	6/23	80%				

姓名：<u>李美麗</u>　　94 學年度 IEP

（續）

實用數學	1. 能從日（月）曆上找出自己的生日正確率達 100%	3/26	80%	職業生活	1. 能知道媽媽的工作名稱和內容	4/27	80%
	2. 能在上課日每天第一節課跟著老師念「今天是幾月幾日星期幾」正確率達 100%	4/26	80%		2. 能知道家裡的人所從事的行業	6/27	80%
	3. 能以「圖片兌換溝通系統」之圖片與作息時間作配對正確率達 100%	6/26	80%		3. 能知道學校裡有哪些職業的人	3/27	80%

十、個別化教育計畫期初會議

會議日期：　　年　　月　　日

地點：<u>會議室</u>　　　　　　　　　記錄者：

出席人員：

職稱	姓名	簽名	職稱	姓名	簽名
校長			特教組長		
訓導主任			輔導老師		
教務主任			特教老師		
總務主任			普通班老師		
輔導主任			其他		
主管簽名			家長簽名		

討論事項：

　1. 該生起點行為狀況。

　2. 家長對該生學習內容有無意見、同意與否。

建議事項：

姓名：李美麗　　94 學年度 IEP

十一、個別化教育計畫檢討會議紀錄表（適用於學期結束或計畫完成一段落
　　　時使用）

會議日期：＿＿＿年＿＿＿月＿＿＿日

地點：會議室　　　　　　　　　　　　記錄者：

出席人員：

職稱	姓名	簽名	職稱	姓名	簽名
校長			特教組長		
訓導主任			輔導老師		
教務主任			特教老師		
總務主任			普通班老師		
輔導主任			其他		
主管簽名			家長簽名		

討論事項：

　　1.討論本學期該生學習之狀況。

　　2. IEP 實施成效及新學年度學期目標之討論。

建議事項：

【附錄六】資源班 IEP 表格

XXX 個別化教育計畫

班級：　　年　　班

學生：

擬定者職稱		簽名	
教師	特殊教師		
	普通教師		
專業人員			
行政人員			
家長			

擬定日期：　　年　　月　　日（　　學年度）

姓名：_____ 學年度：_____

個案基本資料

姓 名		性別	□男□女	出生日期	年　　月　　日
學 號		血型		身分證字號	
障礙類別		等級		障礙手冊	□有　　□無
家長姓名				與學生關係	
戶籍地址					
通訊地址					
電 話	(H)			(O)	

| 成長史 | 1.出生時父親____歲，母親____歲
2.母親懷孕時是否患病：
　□否　□是_____病
3.母親懷孕時是否服藥：
　□否　□是_____藥
4.出生時：□順產□難產□剖腹產
　　　　　□早產□其他_____
　　　　出生別____，胎次____
5.學齡前發展狀況：
　____歲____月走路
　____歲____月說話
　____歲____月發現身心異常
6.學齡前教育狀況：
　在_____學校（機構）____年
　在_____學校（機構）____年
　在_____學校（機構）____年 | 身心特徵 | 1.外觀：

2.伴隨障礙：
　□無　□有_____障
3.重大疾病：
　□無　□有_____
4.長期服用藥物：
　□無　□有_____
5.特殊行為：

6.特殊喜好：

7.特殊厭惡： |

姓名：_____　學年度：_____

個案基本資料

壹、生理狀況

一、視覺狀況

1.□正常　　左：　　右：
2.□視覺異常
　(1)視力程度：　左：　右：
　(2)矯正視力：　左：　右：
　(3)視覺障礙：　□弱視　左：　右：
　　　　　　　　□全盲
　(4)障礙原因：
　　□角膜疾病　　□網膜疾病
　　□視神經疾病　□外傷性眼疾
　　□白化症　　　□眼球震盪
　　□內外斜視　　□先天性白內障
　　□其他：

二、聽覺狀況

1.□正常
2.□聽覺障礙
　(1)障礙程度：（裸耳）
　　左　右
　　□　□輕度：25-39 分貝
　　□　□中度：40-59 分貝
　　□　□重度：60-89 分貝
　　□　□全聾：90 分貝以上
　(2)障礙類型：
　　□傳音性障礙　□感音性障礙
　　□混合性障礙　□家族性聾
　　□其他：
　(3)障礙原因：
　　□外傷□中耳炎□腦膜炎□遺傳
　　□腮腺炎□發高燒□其他：
　(4)矯正狀況：
　　□植內人工電子耳：____歲____月
　　□配戴助聽器：_____型
　　□其他

(5)助聽器配用狀況：
　□配用適當　　　□尚需重新配用
　□無法配用　　　□未配用
　□其他：

三、肢體狀況

1.□正常
2.□肢體障礙
　(1)障礙程度：
　　□能自行走動
　　□靠輔助器具：
　　　□拐杖　□助行器　□輪椅
　　□完全無法行動
　(2)障礙部位：
　　□左上肢　　　□左下肢
　　□右上肢　　　□右下肢
　　□脊椎　　　　□其他：
　(3)障礙原因：
　　□小兒麻痺　　□腦性麻痺
　　□骨關節疾病　□肌無力
　　□先天性畸形　□截肢
　　□脊椎損傷　　□腦部損傷
　　□骨骼發育不全□其他：

四、特殊疾病

貳、神經精神狀況

1.活動過多：□無　　□有
2.自閉症：　□無　　□有
3.腦傷：　　□無　　□有
4.癲癇：　　□無　　□有
5.服用藥物：□無　　□有
　藥物名稱：_____
6.其他症狀：_____

姓名：_____ 學年度：_____

診斷評量資料

測驗名稱	評量日期	主試者	結果摘要

測驗診斷重要紀錄：（如側面圖、資料分析表等）

測驗一：

測驗二：

填表者：　　　　　　　　　　　　　　　　　年　　月　　日

姓名：＿＿＿＿＿＿　學年度：＿＿＿＿＿＿

家庭生活環境調查表

	稱謂	姓名	出生日期	教育程度	職業	領有心身障礙手冊
家庭成員						□是　□否
						□是　□否
						□是　□否
						□是　□否
						□是　□否
						□是　□否

家庭生活	父母婚姻狀況	□良好　□尚可　□關係不佳　□分居　□離異
	家人關係	□親密　□和諧　□尚可　□冷漠　□其他＿＿＿＿＿＿
	經濟狀況	□富有　□小康　□普通　□清寒
	主要經濟來源	□祖父母　□父　□母　□其他＿＿＿＿＿＿＿＿＿
	主要照顧者	□祖父母　□父　□母　□其他＿＿＿＿＿＿＿＿＿
	與家人溝通方式	□口語：　□國語　□台語　□客語　□其他＿＿＿＿ □非口語：＿＿＿＿＿＿＿＿＿＿＿＿＿＿＿＿＿＿
	主要休閒活動	□看電視　□聽音樂　□喝茶聊天　□看書　□卡拉OK □招待親友　□種花養草　□畫畫　□下棋　□養寵物 □運動＿＿＿＿＿　＿＿＿＿＿　□其他＿＿＿＿＿
	最喜歡的家人	□父　□母　□祖父　□祖母　□兄　□弟　□姊　□妹 □其他＿＿＿＿＿＿＿＿＿＿
	會做的家事	□無　□擦桌子　□倒垃圾　□整理報紙　□收拾衣服 □澆花　□排碗筷　□其他＿＿＿＿＿＿＿＿＿＿＿
	增強物	□自由活動　□看電視　□打球　□聽音樂　□貼紙 □社會性增強＿＿＿＿　□食物＿＿＿　□其他＿＿＿＿

最困擾家人的問題及其處理方式：	家人與個案互動情形：
家人對孩子的期望：	家人對學校的期望：

姓名：_____ 學年度：_____

學校生活環境調查表

最喜歡的同學	
最不喜歡的同學	
最聽誰的話	
和師長的關係	□親密　□和諧　□依賴　□普通　□冷漠　□緊張
和同學的關係	□親密　□和諧　□依賴　□普通　□冷漠　□緊張
最喜歡的活動	□唱歌　□跳舞　□打球　□溜冰　□陶土　□畫畫　□剪貼 □看書　□玩拼圖　□看電視　□聽音樂　□玩遊戲　□寫作業 □玩撲克牌　□打電腦　□校外教學　□其他_____
最不喜歡的活動	□唱歌　□跳舞　□打球　□溜冰　□陶土　□畫畫　□剪貼 □看書　□玩拼圖　□看電視　□聽音樂　□玩遊戲　□寫作業 □玩撲克牌　□打電腦　□校外教學　□其他_____
學習動機	□主動　□被動　□低落　□有選擇性_____
增強物	自由活動：□看電視　□聽音樂　□唱歌　□看書　□畫畫 運動：□打球　□跑步　□騎腳踏車　□其他_____ 玩玩具：□積木　□拼圖　□撲克牌　□球　□玩偶　□跳棋 　　　　□大富翁　□玩具琴　□其他_____ 食物：□糖果　□餅乾　□飲料　□巧克力　□其他_____ 社會性增強：□擁抱　□握手　□拍肩　□其他_____
最喜歡去的場所	□操場　□遊樂器材區　□體能活動室　□視聽教室 □合作社　□圖書館　□健康中心　□辦公室　□其他_____
上下學方式	□自行走路上學　□坐公車　□坐交通車　□家長接送
備註	學校生活如有變動，應隨時增添。

姓名：_____　學年度：_____

社區生活環境調查表

社區環境	☐住宅區　☐商業區　☐混合區　☐其他
常往來鄰居	
常往來親友	
和鄰居相處	☐和諧　☐普通　☐尚可　☐冷漠　☐不睦
和親友相處	☐和諧　☐普通　☐尚可　☐冷漠　☐不睦
放學後常做的活動	☐直接回家　☐安親班　☐同伴家玩（回家時間：_____） ☐到處遊玩（常去場所：_____　回家時間：_____）
常去的商家	☐便利商店　☐速食店　☐水果行　☐小吃店 ☐錄影帶店　☐書局　☐麵包店　☐其他_____
常去的休閒活動場所	☐公園　☐動物園　☐博物館　☐圖書館　☐百貨公司 ☐超級市場　☐親友家　☐電影院　☐遊樂中心 ☐其他_____
常做的休閒活動	☐散步　☐打球　☐溜冰　☐騎腳踏車　☐游泳　☐看電影 ☐看書　☐逛街　☐拜訪親友　☐其他_____
最喜歡去的場所	☐公園　☐動物園　☐博物館　☐圖書館　☐百貨公司 ☐遊樂中心　☐電影院　☐超級市場　☐親友家　☐速食店 ☐便利商店　☐其他_____
不喜歡去的場所	☐公園　☐動物園　☐博物館　☐圖書館　☐百貨公司 ☐遊樂中心　☐電影院　☐超級市場　☐親友家　☐速食店 ☐便利商店　☐其他_____
備註	社區生活如有變動，應隨時增添。

姓名：＿＿＿＿　學年度：＿＿＿＿

綜合能力分析

學習能力	能力分析		修正	
	優勢能力	待加強能力	日期	內　　容
認知能力				
溝通能力				
行動能力				
人際關係				
感官功能				
生活自理能力				
學科能力				
情緒表達能力				
其他				

姓名：＿＿＿＿＿＿　學年度：＿＿＿＿＿＿

問題與需求

	主要問題	特教需求
在普通班		
在資源班		
在家庭		
在社區		

姓名：_____ 學年度：_____

教育安置與特殊服務方式

教育環境	教育內容（領域或科目）	週／節課	起訖日期	教師
備註				

姓名：_____　學年度：_____

相關服務紀錄

	內容	方式	時間	結果與建議	負責人	填表人
專業服務						
轉銜服務						
行政支援						

* 專業服務（指醫療、語言、職能、物理、心理治療或社工……等服務）

* 轉銜服務（指入、升學、就業、心理輔導；福利及相關服務等）

* 行政支援（指交通服務、輔具提供、無障礙環境設施、問題行為處理等）

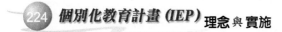

姓名：＿＿＿＿＿ 學年度：＿＿＿＿＿

目標及評量

教育環境：資源班　　　　　　　　　領域（科目）：＿＿＿＿＿

學習基礎能力	
優勢能力	待加強能力
學年目標	學期目標

目　標	起迄日期	教學資源	評　量			教學決定
			方式	日期	結果	

*評量方式：1－筆試　2－口頭　3－操作　4－作業　5－觀察

*評量標準（請自訂）：

*教學決定：P－通過　C－繼續　E－充實　S－簡化　D－放棄

姓名：＿＿＿＿＿　學年度：＿＿＿＿＿

目標及評量

教育環境：普通班　老師：＿＿＿＿＿　　　　　　　　科目：＿＿＿＿＿

週次	地點	學習重點	學習結果	備註
一				
二				
三				
四				
五				
六				
七				
八				
九				
十				
十一				
十二				
十三				
十四				
十五				
十六				
十七				
十八				
十九				
二十				

姓名：_____ 學年度：_____

個別化教育計畫會議紀錄

主題				
時間		地點		
主席		記錄		

出席人員	稱謂	姓名	稱謂	姓名

討論及建議事項：

姓名：_____ 學年度：_____

學生成績報告

（ 　 ）學年（ 　 ）學期

目前安置方式			
目　　　標	學　習　結　果		
	達成	待加強	
建議	安置		
	相關服務		
	其他		
簽名	行政人員	任課教師	
	專業人員	學生家長	

填表者：　　　　　　　　　　　　　　　　　年　　月　　日

【附錄七】電腦化 IEP 範本

94 學年度個別化教育計畫

◎學生姓名：王小明　J109500724　　　　　　◎三年五班
◎安置情況：部分時段抽離至資源班上課　　◎個案管理員：吳雨忻
◎共同擬定者：

職稱	簽名
行政人員	王日堯
普通班教師	陳月琳
特教教師	吳雨忻
相關專業人員	梁玉英
家長及學生	王銘育

備註：1. 感謝新竹教育大學孟瑛如教授與彰化師範大學資訊管理學系吳
　　　　東光教授提供
　　　2. 有愛無礙網址：http://www.dale.nhcue.edu.tw/

基本資料

姓名	王小明	性別	●男○女	出生日期	83/5/15
身分證字號	J109500724	鑑定文號		身心障礙手冊	●無○有
障礙類別	學習障礙	障礙分類			

父親	王銘育	教育程度	專科	職業	商	年齡	51 年次	國籍	●本國籍○外國籍：＿＿＿＿
母親	林美玉	教育程度	專科	職業	家管	年齡	55 年次	國籍	●本國籍○外國籍：＿＿＿＿

戶籍地址	新竹市南大路 521 號	聯絡電話	日：03-5213132
通訊地址	新竹市南大路 521 號	行動電話	

法定代理人	王銘育	與個案關係	父子	聯絡電話	日：03-5213132
聯絡地址	新竹市南大路 521 號			行動電話	
監護人	王銘育	與個案關係	父子	聯絡電話	日：03-5213132
聯絡地址	新竹市南大路 521 號			行動電話	
主要聯絡人	王銘育	與個案關係	父子	聯絡電話	日：03-5213132
聯絡地址	新竹市南大路 521 號			行動電話	

家庭狀況	●一般○單親○隔代教養	家庭經濟狀況	○富裕●小康○清寒○低收入戶
原住民	●否○是		

身心狀況

成長史	◎出生時父親 32 歲，母親 28 歲
	◎母親懷孕時是否患病？■否　□是（請寫出病名：＿＿＿＿＿＿＿＿＿病）
	◎母親懷孕時是否服藥？■否　□是（請寫出藥物名稱：＿＿＿＿＿＿＿＿）
	◎妊娠史： ■無特殊問題　□情緒緊張　□嚴重嘔吐　□染色體異常　□服用藥物（＿＿＿） □X 光照射　□妊娠中毒　□前置胎盤　□後期流血　□疾病感染（＿＿＿＿） □其他（＿＿＿＿）

（續）

	◎出生史：
	• 體　　重：□2500 公克以下　■2500~4000 公克　□4001 公克以上
	• 生產方式：■自然分娩　□產鉗夾出　□真空吸引　□剖腹產　□其他（＿＿）
	• 出 生 時：■順產　□難產　□剖腹產　□早產　□晚產　□其他（＿＿＿＿＿）

◎嬰幼兒史：

• 動作發展：■正常　□異常（獨坐：＿＿＿月；爬行：＿＿＿月；

站立：＿＿＿月；獨行：＿＿＿月）

• 語言發展：■正常　□異常（喃語：＿＿＿；有意義單字：＿＿＿歲＿＿＿月；

有意義語詞：＿＿歲＿＿月；句子：＿＿歲＿＿月）

• 生活自理：大便：■符合正常發展　　□異常

小便：■符合正常發展　　□異常

• 一足歲前的生活情形：□非常安靜□安靜□中等■不安靜□非常不安靜

健
康
狀
況

◎血型：O 型

◎身高：140 公分，體重：35 公斤，日期：94/09/15

◎視力：裸視：左：1.0　右：1.0

矯正：左：＿＿＿＿＿＿　右：＿＿＿＿＿＿

◎色盲：●無　　○有

◎聽力：●正常　○異常

（矯正前：左：＿＿＿右：＿＿＿；矯正後：左：＿＿＿右：＿＿＿）

◎健康情形：○甚佳　○良好　●普通　○體弱　○多病

◎活動狀況：

1. 體力：■舉　　■扔　　■推　　■拉　　■抓　　■握

2. 姿態：■彎腰　■跪蹲　■匍匐　■平衡

3. 行動：■行走　■坐　　■立　　■攀登　■爬行　■手指運轉

4. 溝通：□口語　■國語　□台語　□客語　□手語　□讀唇　□筆談

□其他（＿＿＿＿＿＿＿＿＿）

5. 定向：■能迅速正確辨別方位　□方位辨別遲緩　□不能辨別方位

6. 動作能力：■粗大動作　□精細動作　□協調動作

7. 反應狀況：□反應靈敏　■反應尚可　□反應遲緩　□幾無反應

8. 是否需要輔具：■否　□是，輔具名稱：＿＿＿＿＿＿＿＿＿＿＿＿＿

（續）

◎醫療紀錄

看診紀錄：□否　■是

時間	病名	醫院名稱	科別	主治醫師
92/9/20	心智問題	長庚醫院	兒童心智科	王文榮

追蹤：■否　□是

項目

用藥：■否　□是

藥名	用法	副作用	服用日期（起）	服用日期（迄）	過敏藥物

◎您的孩子是否曾在醫療機構接受過評量？□否　■是

◎您曾尋求學校外的專家或機構協助過？□否　■是

機構專家名稱	類型	名稱	持續時間
青青診所	治療	感統職能治療	93.1-94.5

◎障礙類型：○心臟循環系統　○肝臟功能　○吞嚥機能　○骨全切除　○短腸症
　　　　　　○呼吸器官　○腎臟功能　○膀胱功能　○造血機能　○永久性人工肛門
　　　　　　○其他_____

◎醫療狀況：○需住院　○已復健治療　○尚需復健治療　○無需復健治療
　　　　　　○須專業評估症　○其他_____

◎生活自理：○完全獨立　○靠輔具可獨立　●部分依賴別人　○完全依賴別人
　　　　　　其他_____

（續）

	學習障礙
障礙狀況	◎學習障礙類型： •注意力問題：□注意力缺乏 □難獨立完成工作 □易受背景聲音干擾而分心 □有注意力固執現象（從事某些行為或活動很難被打斷） □經常遺失或活動必備的物品 □複述能力弱 □自我監控能力較弱 □其他＿＿＿＿＿ •記憶力問題：□長期記憶缺陷 □短期記憶缺陷 □工作記憶缺陷 □重述剛聽到或看到的數字或字詞有困難 ■不易記憶學過的東西（例如：今天學會明天就忘了） □其他＿＿＿＿＿ •理解力問題：□聽覺理解困難 □視覺理解困難 □其他＿＿＿＿＿ •思考力問題：□概念思考力弱 □邏輯及抽象思考能力弱 □思考過於僵化 □運思過程僵化 □其他＿＿＿＿＿ •拼音問題：□認讀注音符號困難 □單拼困難 □雙拼困難 □聲調錯誤 □結合韻拼讀困難 □其他＿＿＿＿＿ •書寫問題：□握筆姿勢有問題 □寫字超出格子 □字體大小不一 □字體結構有問題 □寫字速度慢 □只會寫簡單筆劃的字 □只會描字 □只會仿寫字 □只會畫線或簡單形狀 □只會隨意塗鴉 □常寫相似字 □書寫詞句困難 □書寫時，沒有筆畫筆順的概念 □常用注音替代國字 □字的形體左右顛倒字 □其他＿＿＿＿＿ •識字問題：□辨別相似字有困難 □同音異字易錯 □能以圖像輔助識字 □識字能力低落 □其他＿＿＿＿＿ •閱讀理解問題：□無法讀懂該年齡層的書籍內容 □分辨符號有困難 □無法認讀圖卡 □不識字但能看懂圖片意思 ■讀的速度很慢 □會讀字句但不懂意思 □讀時會跳行跳字 □詞彙理解力差 ■無法了解文章的主題或重點 □其他＿＿＿＿＿ •寫作問題：□作文或造句用有限的詞彙或很短的句子 □作文或造句會漏字或寫錯字 □其他＿＿＿＿＿

（續）

　　• 數 學 問 題：☐數數困難　☐數學基本概念弱　☐計算困難　☐應用問題解題困難
　　　　　　　　　☐應用問題讀題困難　☐其他＿＿＿＿＿＿

　　• 知動協調問題：
　　　聽知覺問題：☐無法遵循複雜的指令　☐經常需要重述問題
　　　　　　　　　☐無法從文章中正確找出音節或詞語的界線
　　　　　　　　　☐聽寫困難，需要將字句或問題重述　☐其他＿＿＿＿＿＿
　　　視知覺問題：☐無法辨認顏色的種類　☐閱讀或抄寫黑板有困難
　　　　　　　　　☐書寫時出現疊字的現象，兩字寫在同一格
　　　　　　　　　☐不喜歡參與視覺性的遊戲或活動　☐難以保留視覺意象
　　　　　　　　　☐經常揉眼睛或斜視　☐無法辨認圖形符號
　　　　　　　　　☐對於有方向性的字易混淆（例如：ㄷ、ㄇ）
　　　　　　　　　☐視覺想像力差（例如：在拼圖時，表現困難）　☐其他＿＿＿＿
　　　知覺動作問題：☐無法用觸覺辨別熟悉的物體　☐難以辨識不同形狀和字
　　　　　　　　　　☐運動協調能力、方向感、空間定向能力和平衡感不足
　　　　　　　　　　☐對於大小遠近或輕重的相對關係判斷困難☐不會仿畫幾何圖形
　　　　　　　　　　☐行動跌跌撞撞　☐其他＿＿＿＿＿＿

　　• 社 交 技 巧：☐孤僻　☐不合群　■缺乏溝通能力　☐受到同學的排斥
　　　　　　　　　☐愛惡作劇、捉弄人　☐喜歡罵人　☐喜歡打人
　　　　　　　　　☐偶爾與同學起爭執　☐喜歡自己一個人玩　☐其他＿＿＿＿＿＿

◎學習策略需求：☐識字教學技巧　■閱讀技巧　☐寫作技巧　☐考試技巧
　　　　　　　　☐時間管理技巧　■記憶技巧　☐數學運算技巧　☐數學解題技巧
　　　　　　　　☐其他＿＿＿＿＿＿

◎寫作業主要的方式：■手寫　☐口述　☐電腦輸入　☐其他＿＿＿＿＿＿

◎主要能學習的教材：■文字　☐符號　☐圖片　☐實物　☐其他＿＿＿＿＿＿

◎學習上需要的協助：☐報讀　☐代抄筆記　■分段完成筆記　☐其他＿＿＿＿＿＿

94 學年度（上學期）　修改紀錄 1　　　　　　學生姓名：王小明

能力分析

能力	現況描述
生活自理能力	能自行前往獨立完成如廁
溝通能力	主動表達的次數較少，但表達內容完整
認知能力	容易遺忘指令，或是忘記老師交代的工作
學業能力	國語科表現在全班最後 15%

優弱勢能力綜合評估

項目	細項	描述
社會化及情緒行為能力	能自我管理情緒	●良好○尚可○需要再加強
生活自理能力	能具備正確的如廁能力	●良好○尚可○需要再加強
生活自理能力	能具備正確的飲食能力	●良好○尚可○需要再加強
溝通能力	能具備語言表達能力	○良好○尚可●需要再加強
認知能力	能理解學習或教材的內容	○良好○尚可●需要再加強
認知能力	閱讀速度	○良好○尚可●需要再加強

特殊學習需求

特殊需求領域	特殊需求項目	具體作法
學業能力	國語（文）	分段呈現閱讀內容
學業能力	國語（文）	一次給予少量的文章內容

測驗評量結果綜合摘要

評量名稱：智力測驗　　　　魏氏兒童智力量表

全量表

評量結果		施測者	施測日期
分數	71	吳雨忻	2005/9/16

語文量表

評量結果		施測者	施測日期
分數	66	吳雨忻	2005/9/16

作業量表

評量結果		施測者	施測日期
分數	81	吳雨忻	2005/9/16

專心注意

評量結果		施測者	施測日期
分數	72	吳雨忻	2005/9/16

語文理解

評量結果		施測者	施測日期
分數	65	吳雨忻	2005/9/16

知覺組織

評量結果		施測者	施測日期
分數	85	吳雨忻	2005/9/16

處理速度

評量結果		施測者	施測日期
分數	95	吳雨忻	2005/9/16

學年、學期目標

94 學年度上學期　修改：1　　　學生姓名：王小明　　　教師：吳雨忻
領域：語文　　　　　　　次領域：國語　　　　　能力：閱讀
長期（學年）目標：能分辨／欣賞作品的修辭／文法技巧
短期（學期）目標：修辭（2005/10/25～2005/10/25）

編號	學習步驟	教材選擇	評量方式	預期結果	評量紀錄		
1-1	能了解「映襯」修辭法	南一版課本和習作	作業單	80%	日期		
					結果		
1-2	能了解「誇飾」修辭法	南一版課本和習作	作業單	80%	日期		
					結果		
1-3	能了解「類疊」修辭法	南一版課本和習作	作業單	80%	日期		
					結果		
1-4	能了解「譬喻」修辭法	南一版課本和習作	作業單	80%	日期		
					結果		
1-5	能了解摹寫的修辭	南一版課本和習作	作業單	80%	日期		
					結果		

領域：語文　　　　　　　次領域：國語　　　　　　　能力：閱讀
長期（學年）目標：能分辨／欣賞作品的修辭／文法技巧
短期（學期）目標：能了解引用的修辭（2005/10/25～2005/10/25）

編號	學習步驟	教材選擇	評量方式	預期結果	評量紀錄		
1-1	無	南一版課本和習作	作業單	80%	日期		
					結果		

領域：語文　　　　　　　　　次領域：國語　　　　　　　　能力：閱讀

長期（學年）目標：能認識句型（2005/10/25～2005/10/25）

編號	短期（學期）目標	教材選擇	評量方式	預期結果	評量紀錄		
1-1	能認識條件句的特點	南一版課本和習作、自編教材	作業單、口試、課堂表現情形	80%	日期		
					結果		

領域：語文　　　　　　　　　次領域：國語　　　　　　　　能力：閱讀

長期（學年）目標：能熟習常用生字語詞的形音義／詞性，幫助閱讀（2005/10/25～2005/10/25）

編號	短期（學期）目標	教材選擇	評量方式	預期結果	評量紀錄		
1-1	能認讀課文中生字的形音義每課（　　）個	南一版課本和習作	作業單	80%	日期		
					結果		

領域：語文　　　　　　　　　次領域：國語　　　　　　　　能力：閱讀

長期（學年）目標：能讀懂課文內容，了解文章的大意（2005/10/25～2005/10/25）

編號	短期（學期）目標	教材選擇	評量方式	預期結果	評量紀錄		
1-1	能說出課文段落大意	南一版課本和習作	作業單	80%	日期		
					結果		

【附錄八】特殊教育法

特殊教育法

1. 中華民國七十三年十二月十七日總統（73）華總（一）義字第 6692 號令制定公布全文 25 條

2. 中華民國八十六年五月十四日總統（86）華總（一）義字第 8600112820 號令修正公布全文 33 條

3. 中華民國九十年十二月二十六日總統（90）華總一義字第 9000254110 號令修正發布第 2～4、8、9、14～17、19、20、28、31 條條文

4. 中華民國九十三年六月二十三日總統華總一義字第 09300117551 號令增訂公布第 31-1 條條文

第一章　總則

第 1 條　為使身心障礙及資賦優異之國民，均有接受適性教育之權利，充分發展身心潛能，培養健全人格，增進服務社會能力，特制定本法；本法未規定者，依其他有關法律之規定。

第 2 條　本法所稱主管教育行政機關：在中央為教育部；在直轄市為直轄市政府；在縣（市）為縣（市）政府。

本法所定事項涉及各目的事業主管機關業務時，各該機關應配合辦理。

第 3 條　本法所稱身心障礙，係指因生理或心理之顯著障礙，致需特殊教育和相關特殊教育服務措施之協助者。

本法所稱身心障礙，指具有左列情形之一者：

一、智能障礙。

二、視覺障礙。

三、聽覺障礙。

四、語言障礙。

五、肢體障礙。

六、身體病弱。

七、嚴重情緒障礙。

八、學習障礙。

九、多重障礙。

十、自閉症。

十一、發展遲緩。

十二、其他顯著障礙。

前項各款鑑定之標準，由中央主管教育行政機關會商相關機關定之。

第　4　條　本法所稱資賦優異，係指在左列領域中有卓越潛能或傑出表現者：

一、一般智能。

二、學術性向。

三、藝術才能。

四、創造能力。

五、領導能力。

六、其他特殊才能。

前項各款鑑定之標準，由中央主管教育行政機關定之。

第　5　條　特殊教育之課程、教材及教法，應保持彈性，適合學生身心特性及需要；其辦法，由中央主管教育行政機關定之。

對身心障礙學生，應配合其需要，進行有關復健、訓練治療。

第　6　條　各級主管教育行政機關為研究改進特殊教育課程、教材教法及教具之需要，應主動委託學術及特殊教育學校或特殊教育機構等相關單位進行研究。

中央主管教育行政機關應指定相關機關成立研究發展中心。

第　7　條　特殊教育之實施，分下列三階段：

一、學前教育階段，在醫院、家庭、幼稚園、托兒所、特殊幼稚園（班）、特殊教育學校幼稚部或其他適當場所實施。

二、國民教育階段，在醫院、國民小學、國民中學、特殊教育學校（班）或其他適當場所實施。

三、國民教育階段完成後，在高級中等以上學校、特殊教育學校（班）、醫院或其他成人教育機構等適當場所實施。

為因應特殊教育學校之教學需要，其教育階段及年級安排，應保持彈性。

第　8　條　學前教育及國民教育階段之特殊教育，由直轄市或縣（市）主管教育行政機關辦理為原則。

國民教育完成後之特殊教育，由各級主管教育行政機關辦理。

各階段之特殊教育，除由政府辦理外，並鼓勵或委託民間辦理。主管教育行政機關對民間辦理特殊教育應優予獎助；其獎助對象、條件、方

式、違反規定時之處理及其他應遵行事項之辦法，由中央主管教育行政機關定之。

第 9 條　各階段特殊教育之學生入學年齡及修業年限，對身心障礙國民，除依義務教育之年限規定辦理外，並應向下延伸至三歲，於本法公布施行六年內逐步完成。

國民教育階段身心障礙學生因身心發展狀況及學習需要，得經該管主管教育行政機關核定延長修業年限，並以延長二年為原則。

第二章　資賦優異教育

第 10 條　為執行特殊教育工作，各級主管教育行政機關應設專責單位，各級政府承辦特殊教育業務人員及特殊教育學校之主管人員，應優先任用相關專業人員。

第 11 條　各師範校院應設特殊教育中心，負責協助其輔導區內特殊教育學生之鑑定、教學及輔導工作。

大學校院設有教育院、系、所、學程或特殊教育系、所、學程者，應鼓勵設特殊教育中心。

第 12 條　直轄市及縣（市）主管教育行政機關應設特殊教育學生鑑定及就學輔導委員會，聘請衛生及有關機關代表、相關服務專業人員及學生家長代表為委員，處理有關鑑定、安置及輔導事宜。有關之學生家長並得列席。

第 13 條　各級學校應主動發掘學生特質，透過適當鑑定，按身心發展狀況及學習需要，輔導其就讀適當特殊教育學校（班）、普通學校相當班級或其他適當場所。身心障礙學生之教育安置，應以滿足學生學習需要為前提下，最少限制的環境為原則。直轄市及縣（市）主管教育行政機關應每年重新評估其教育安置之適當性。

第 14 條　對於就讀普通班之身心障礙學生，應予適當安置及輔導；其安置原則及輔導方式之辦法，由各級主管教育行政機關定之。

為使普通班老師得以兼顧身心障礙學生及其他學生之需要，身心障礙學生就讀之普通班應減少班級人數；其減少班級人數之條件及核算方式之辦法，由各級主管教育行政機關定之。

第三章　身心障礙教育

第 15 條　各級主管教育行政機關應結合特殊教育機構及專業人員，提供普通學校

輔導特殊教育學生之有關評量、教學及行政支援服務；其支援服務項目及實施方式之辦法，由中央主管教育行政機關定之。

第 16 條　特殊教育學校（班）之設立，應力求普及，以小班、小校為原則，並朝社區化方向發展。少年矯正學校、社會福利機構及醫療機構附設特殊教育班，應報請當地主管教育行政機關核准後辦理。

第 17 條　為普及身心障礙兒童及青少年之學前教育、早期療育及職業教育，各級主管教育行政機關應妥當規劃加強推動師資培訓及在職訓練。

特殊教育學校置校長，其聘任資格依教育人員任用條例之規定，聘任程序比照各該校所設學部最高教育階段之學校法規之規定。特殊教育學校（班）、特殊幼稚園（班），應依實際需要置特殊教育教師、相關專業人員及助理人員。特殊教育教師之資格及聘任，依師資培育法及教育人員任用條例之規定；相關專業人員及助理人員之類別、職責、遴用資格、程序、報酬及其他權益事項之辦法，由中央主管教育行政機關定之。

特殊教育學校（班）、特殊幼稚園（班）設施之設置，應以適合個別化教學為原則，並提供無障礙之學習環境及適當之相關服務。

前二項人員之編制、設施規模、設備及組織之設置標準，由中央主管教育行政機關定之。

第 18 條　設有特殊教育系（所）之師範大學、師範學院或一般大學，為辦理特殊教育各項實驗研究，並供教學實習，得附設特殊教育學校（班）。

第 19 條　接受國民教育以上之特殊教育學生，其品學兼優或有特殊表現者，各級政府應給予獎助；家境清寒者，應給予助學金、獎學金或教育補助費。

前項學生屬身心障礙者，各級政府應減免其學雜費，並依其家庭經濟狀況，給予個人必需之教科書及教育補助器材。

身心障礙學生於接受國民教育時，無法自行上下學者，由各級政府免費提供交通工具；確有困難，無法提供者，補助其交通費。

前三項獎助之對象、條件、金額、名額、次數及其他應遵行事項之辦法，由各級政府定之。

第 20 條　身心障礙學生，在特殊教育學校（班）修業期滿，依修業情形發給畢業證書或修業證書。

對失學之身心障礙國民，應辦理學力鑑定及規劃實施免費成人教育；其辦理學力鑑定及實施成人教育之對象、辦理單位、方式及其他相關事項之辦法，由各級主管教育行政機關定之。

第四章　附則

第 21 條　完成國民教育之身心障礙學生，依其志願報考各級學校或經主管教育行
政機關甄試、保送或登記、分發進入各級學校，各級學校不得以身心障
礙為由拒絕其入學；其升學輔導辦法，由中央主管教育行政機關定之。
各級學校入學試務單位應依考生障礙類型、程度，提供考試適當服務措
施，由各試務單位於考前訂定公告之。

第 22 條　身心障礙教育之診斷與教學工作，應以專業團隊合作進行為原則，集合
衛生醫療、教育、社會福利、就業服務等專業，共同提供課業學習、生
活、就業轉銜等協助；身心障礙教育專業團隊設置與實施辦法，由中央
主管教育行政機關定之。

第 23 條　各級主管教育行政機關應每年定期舉辦特殊教育學生狀況調查及教育安
置需求人口通報，出版統計年報，並依據實際需求規劃設立各級特殊學
校（班）或其他身心障礙教育措施及教育資源的分配，以維護特殊教育
學生接受適性教育之權利。

第 24 條　就讀特殊學校（班）及一般學校普通班之身心障礙者，學校應依據其學
習及生活需要，提供無障礙環境、資源教室、錄音及報讀服務、提醒、
手語翻譯、調頻助聽器、代抄筆記、盲用電腦、擴視鏡、放大鏡、點字
書籍、生活協助、復健治療、家庭支援、家長諮詢等必要之教育輔助器
材及相關支持服務；其實施辦法，由各級主管教育行政機關定之。

第 25 條　為提供身心障礙兒童及早接受療育之機會，各級政府應由醫療主管機關
召集，結合醫療、教育、社政主管機關，共同規劃及辦理早期療育工作。
對於就讀幼兒教育機構者，得發給教育補助費。

第 26 條　各級學校應提供特殊教育學生家庭包括資訊、諮詢、輔導、親職教育課
程等支援服務，特殊教育學生家長至少一人為該校家長會委員。

第 27 條　各級學校應對每位身心障礙學生擬定個別化教育計畫，並應邀請身心障
礙學生家長參與其擬定與教育安置。

第 28 條　對資賦優異者，得降低入學年齡或縮短修業年限；縮短修業年限之資賦
優異學生，其學籍、畢業資格及升學，比照應屆畢業學生辦理；其降低
入學年齡、縮短修業年限與升學及其他相關事項之辦法，由中央主管教
育行政機關定之。

第 29 條　資賦優異教學，應以結合社區資源、參與社區各類方案為主，並得聘任

具特殊專才者為特約指導教師。

各級學校對於身心障礙及社經文化地位不利之資賦優異學生，應加強鑑定與輔導。

第 30 條　各級政府應按年從寬編列特殊教育預算，在中央政府不得低於當年度教育主管預算百分之三；在地方政府不得低於當年度教育主管預算百分之五。

地方政府編列預算時，應優先辦理身心障礙學生教育。

中央政府為均衡地方身心障礙教育之發展，應視需要補助地方人事及業務經費以辦理身心障礙教育。

第 31 條　各級主管教育行政機關為促進特殊教育發展及處理各項權益申訴事宜，應聘請專家、學者、相關團體、機構及家長代表為諮詢委員，並定期召開會議。

為保障特殊教育學生教育權利，應提供申訴服務；其申訴案件之處理程序、方式及其他相關服務事項之辦法，由中央主管教育行政機關定之。

第 31-1 條　公立特殊教育學校之場地、設施與設備提供他人使用、委託經營、獎勵民間參與，與學生重補修、辦理招生、甄選、實習、實施推廣教育等所獲之收入及其相關支出，應設置專帳以代收代付方式執行，其賸餘款並得滾存作為改善學校基本設施或充實教學設備之用，不受預算法第十三條、國有財產法第七條及地方公有財產管理相關規定之限制。

前項收支管理作業規定，由中央主管教育行政機關定之。

第 32 條　本法施行細則，由中央主管教育行政機關定之。

第 33 條　本法自公布日施行。

【附錄九】特殊教育法施行細則

特殊教育法施行細則

1. 中華民國七十六年三月二十五日教育部（76）台參字第 12619 號令訂定發布全文 30 條
2. 中華民國八十七年五月二十九日教育部（87）台參字第 87057266 號令修正發布全文 22 條
3. 中華民國八十八年八月十日教育部（88）台參字第 88097551 號令修正發布第 4 條條文
4. 中華民國九十一年四月十五日教育部（91）台參字第 91049522 號令修正發布第 21 條條文；並刪除第 2 條條文
5. 中華民國九十二年八月七日教育部台參字第 0920117583A 號令修正發布第 13 條條文

第 1 條　本細則依特殊教育法（以下簡稱本法）第三十二條規定訂定之。

第 2 條　（刪除）

第 3 條　本法第七條第一項第一款所稱特殊幼稚園，指為身心障礙或資賦優異者專設之幼稚園；所稱特殊幼稚班，指在幼稚園為身心障礙或資賦優異者專設之班。

本法第七條第一項第二款及第三款所稱特殊教育學校，指為身心障礙或資賦優異者專設之學校；所稱特殊教育班，指在國民小學、國民中學、高級中學、職業學校或依本法第十六條第二項為身心障礙或資賦優異者專設之班。

本法第七條第一項第三款所稱高級中等以上學校，指高級中學、職業學校、專科學校及大學。

第 4 條　政府、民間依本法第八條規定辦理特殊教育學校（班）者，其設立、變更及停辦之程序如下：

一、公立特殊教育學校：

　（一）國立者，由中央主管教育行政機關核定。

　（二）直轄市及縣（市）立者，由直轄市及縣（市）主管教育行政機關核定，報請中央主管教育行政機關備查。

二、公立學校之特殊教育班：由學校之主管教育行政機關核定。

三、私立特殊教育學校：依私立學校法規定之程序辦理。

四、私立學校之特殊教育班：由學校之主管教育行政機關核定。

各階段特殊教育除依前項規定辦理外，公、私立學校並得依學生之特殊

教育需要，自行擬具特殊教育方案，向各級主管教育行政機關申請辦理之；其方案之基本內容及申請程序，由各級主管教育行政機關定之。

第　5　條　各級主管教育行政機關得依本法第八條第三項委託民間辦理特殊教育學校（班）或其他教育方案，其委託方式及程序，由各該主管教育行政機關定之。

第　6　條　為辦理本法第九條第一項身心障礙學生入學年齡向下延伸至三歲事項，直轄市、縣（市）政府應普設學前特殊教育設施，提供適當之相關服務。
直轄市、縣（市）政府對於前項接受學前特殊教育之身心障礙學生，應視實際需要提供教育補助費。
第一項所稱學前特殊教育設施，指在本法第七條第一項第一款所定場所設置之設備或提供之措施。

第　7　條　學前教育階段身心障礙兒童，應以與普通兒童一起就學為原則。

第　8　條　本法第十條所稱專責單位，指於各級主管教育行政機關置專任人員辦理特殊教育行政工作之單位。

第　9　條　本法第十二條所稱特殊教育學生鑑定及就學輔導委員會（以下簡稱鑑輔會），應以綜合服務及團隊方式，辦理下列事項：
一、議決鑑定、安置及輔導之實施方式與程序。
二、建議專業團隊及特殊教育資源中心應遴聘之專業人員。
三、評估特殊教育工作績效。
四、執行鑑定、安置及輔導工作。
五、其他有關特殊教育鑑定、安置及輔導事項。
直轄市、縣（市）主管教育行政機關應從寬編列鑑輔會年度預算，必要時，由中央主管教育行政機關補助之。
鑑輔會應置主任委員一人，由直轄市、縣（市）主管教育行政機關首長兼任之；並指定專任人員辦理鑑輔會事務。鑑輔會之組織及運作方式，由直轄市、縣（市）主管教育行政機關定之。

第　10　條　直轄市、縣（市）主管教育行政機關應結合鑑輔會、特殊教育資源中心、特殊教育諮詢委員會、身心障礙教育專業團隊及其他相關組織，建立特殊教育行政支援系統；其聯繫及運作方式，由直轄市、縣（市）主管教育行政機關定之。
前項所稱特殊教育資源中心，指直轄市、縣（市）主管教育行政機關為協助辦理特殊教育相關事項所設之任務編組；其成員，由直轄市、縣

（市）主管教育行政機關就學校教師、學者專家或相關專業人員聘兼之。

第 11 條　鑑輔會依本法第十二條安置身心障礙學生，應於身心障礙學生教育安置會議七日前，將鑑定資料送交學生家長；家長得邀請教師、學者專家或相關專業人員陪同列席該會議。

鑑輔會應就前項會議所為安置決議，於身心障礙學生入學前，對安置機構以書面提出下列建議：

一、安置場所環境及設備之改良。

二、復健服務之提供。

三、教育輔助器材之準備。

四、生活協助之計畫。

前項安置決議，鑑輔會應依本法第十三條每年評估其適當性；必要時，得視實際狀況調整安置方式。

第 12 條　國民教育階段特殊教育學生之就學以就近入學為原則。但其學區無合適特殊教育場所可安置者，得經其主管鑑輔會鑑定後，安置於適當學區之特殊教育場所。

前項特殊教育學生屬身心障礙者，直轄市、縣（市）主管教育行政機關應依本法第十九條第三項規定，提供交通工具或補助其交通費。

第 13 條　依本法第十三條輔導特殊教育學生就讀普通學校相當班級時，該班級教師應參與特殊教育專業知能研習，且應接受特殊教育教師或相關專業人員所提供之諮詢服務。

本法第十三條所稱輔導就讀特殊教育學校（班），指下列就讀情形：

一、學生同時在普通班及資源班上課者。

二、學生同時在特殊教育班及普通班上課，且其在特殊教育班上課之時間超過其在校時間之二分之一者。

三、學生在校時間全部在特殊教育班上課者。

四、學生在特殊教育學校上課，且每日通學者。

五、學生在特殊教育學校上課，且在校住宿者。

第 14 條　資賦優異學生入學後，學校應予有計畫之個別輔導；其輔導項目，應視學生需要定之。

第 15 條　資賦優異學生，如須轉入普通班或一般學校就讀者，原就讀學校應輔導轉班或轉校，並將個案資料隨同移轉，以便追蹤輔導。

第 16 條　各級主管教育行政機關於依本法第二十三條實施特殊教育學生狀況調查

後，應建立各階段特殊教育學生通報系統，並與衛生、社政主管機關所建立之通報系統互相協調、結合。

本法第二十三條所定出版統計年報，應包含接受特殊教育服務之學生人數與比率、教育安置狀況、師資狀況及經費狀況等項目。

第 17 條　本法第二十六條所定提供特殊教育學生家庭支援服務，應由各級學校指定專責單位辦理。其服務內容應於開學後二週內告知特殊教育學生家長；必要時，應依據家長之個別需要調整服務內容及方式。

第 18 條　本法第二十七條所稱個別化教育計畫，指運用專業團隊合作方式，針對身心障礙學生個別特性所擬定之特殊教育及相關服務計畫，其內容應包括下列事項：

一、學生認知能力、溝通能力、行動能力、情緒、人際關係、感官功能、健康狀況、生活自理能力、國文、數學等學業能力之現況。

二、學生家庭狀況。

三、學生身心障礙狀況對其在普通班上課及生活之影響。

四、適合學生之評量方式。

五、學生因行為問題影響學習者，其行政支援及處理方式。

六、學年教育目標及學期教育目標。

七、學生所需要之特殊教育及相關專業服務。

八、學生能參與普通學校（班）之時間及項目。

九、學期教育目標是否達成之評量日期及標準。

十、學前教育大班、國小六年級、國中三年級及高中（職）三年級學生之轉銜服務內容。

前項第十款所稱轉銜服務，應依據各教育階段之需要，包括升學輔導、生活、就業、心理輔導、福利服務及其他相關專業服務等項目。

參與擬定個別化教育計畫之人員，應包括學校行政人員、教師、學生家長、相關專業人員等，並得邀請學生參與；必要時，學生家長得邀請相關人員陪同。

第 19 條　前條個別化教育計畫，學校應於身心障礙學生開學後一個月內訂定，每學期至少檢討一次。

第 20 條　依本法第二十九條第二項鑑定身心障礙之資賦優異學生及社經文化地位不利之資賦優異學生時，應選擇適用該學生之評量工具及程序，得不同於一般資賦優異學生。

依本法第二十九條第二項輔導身心障礙之資賦優異學生及社經文化地位不利之資賦優異學生時，其教育方案應保持最大彈性，不受人數限制，並得跨校實施。

學校對於身心障礙之資賦優異學生之教學，應就其身心狀況，予以特殊設計及支援。

第 21 條　各教育階段特殊教育之評鑑，該管主管教育行政機關，應至少每二年辦理一次；其評鑑項目，由各級主管教育行政機關定之。

直轄市及縣（市）主管教育行政機關辦理特殊教育之績效，中央主管教育行政機關應至少每二年訪視評鑑一次。

前二項之評鑑，必要時，該管主管教育行政機關得委任或委託大學校院或民間團體辦理之。

第 22 條　本細則自發布日施行。

國家圖書館出版品預行編目（CIP）資料

個別化教育計畫（IEP）理念與實施／李翠玲著.
--初版.-- 臺北市：心理, 2007（民 96）
　面；　公分.--（障礙教育系列；63068）
含參考書目
ISBN 978-957-702-980-5（平裝）

1. 特殊教育

529.6　　　　　　　　　　　　　　95026421

障礙教育系列 63068

個別化教育計畫（IEP）理念與實施

作　　者：李翠玲
執行編輯：陳文玲
總 編 輯：林敬堯
發 行 人：洪有義
出 版 者：心理出版社股份有限公司
地　　址：231026 新北市新店區光明街 288 號 7 樓
電　　話：(02) 29150566
傳　　真：(02) 29152928
郵撥帳號：19293172　心理出版社股份有限公司
網　　址：https://www.psy.com.tw
電子信箱：psychoco@ms15.hinet.net
初版一刷：2007 年 4 月
初版十六刷：2021 年 12 月
I S B N：978-957-702-980-5
定　　價：新台幣 280 元